CDで暗記 筆記でマスター 中国語の基礎固め

竇文(トウブン)・小川郁夫 著

白帝社

まえがき

　本書は，中国語を半年から1年ほど学んだ人がじっくりと**暗記**と**筆記**による練習を繰り返して**中国語の基礎固め**をするための教材です。

　「基礎編」の「本文」はA（男性）とB（浜崎夏美さん）の会話です。CDを利用して，「本文」を**暗記**してください。「Bを発音しよう」ではAの中国語に続いて，みなさんがBの中国語を発音してください。「Aを発音しよう」では合図の音（チャイム）が鳴ったら，みなさんがAの中国語を発音してください。「練習1」では**暗記**した中国語を**筆記**してください。**暗記**をいやがったり，**筆記**を面倒に思ってはいけません。音で覚えた中国語を実際に手で書いて，確実に**マスター**することが大切です。「練習2」は簡単な作文です。これも解答を実際に書いてみてください。CDには「ポイント」の☐の部分の中国語も収録されています。☐の部分の中国語にはほとんどピンインがついていません。CDを利用して発音できるようにしてください。「読めますか？　発音チェック」では発音の確認をしてください。また，「イラストで覚える中国語」では日常生活に関連した単語を覚えてください。

　「発展編」の「本文」では，浜崎夏美さんが中国語で自己紹介をしたり，自分の生活や将来の夢について語ります。それほど難しい文法事項は出てきませんが，簡単な言い方でかなり豊富な内容を表現できることに気づいてください。CDには「本文」のほか，「語句」の☐の部分の中国語が収録されています。☐の部分の中国語にはピンインがついていません。CDを利用して発音できるようにしてください。**暗記**してしまうほど繰り返しCDを聞いて，発音練習してください。「練習」はやはり**筆記**を主とするものになっています。面倒に思わず手で書いてください。

　「基礎編」「発展編」ともに「語句」の説明の中に【覚えておこう】を加えました。知識をふやすために読んでください。ちょっとした知識が今後の中国語学習の手助けとなるはずです。

　巻末には「練習・確認の正解」「小辞典兼索引」「音読みからピンインを引くための小字典」を載せました。

　「練習・確認の正解」には，作文に関する詳しい解説も載せました。しっかり読んで作文力をつけてください。

　「小辞典兼索引」に挙げた語には品詞や意味のほか，用法に関する説明

や【覚えておこう】を加えました。用例にはほとんどピンインがついていません。ピンインがわからない場合は，その語が出てくる頁を開いてください。「小辞典兼索引」を利用して，たえず単語力をチェックしてください。
「音読みからピンインを引くための小字典」は，漢字の中国語読みを調べる必要が生じた時に利用してください。

品詞の略号については，次のようになっています。

名	名詞	動	動詞
形	形容詞	代	代詞〔代名詞など〕
疑	疑問詞	副	副詞
数	数詞	量	量詞〔助数詞〕
方	方位詞	介	介詞〔前置詞〕
助動	助動詞	助	助詞
接	接続詞	数量	数量詞
感	感嘆詞	接頭	接頭辞

最近，文字を書く機会が確かにへりました。人の記憶力も低下しているような気がします。**暗記**と**筆記**を敬遠せずに，そして根気よく中国語を学んでください。

本書の編集にあたっては白帝社の岸本詩子さんのお世話になりました。また，本書出版の機会を与えてくださいました白帝社の皆様に心より感謝いたします。

2010年秋
竇文（トウブン）・小川郁夫

目次

まえがき　i

基礎編

第1課　これは何ですか？　　　　　　　　　　　　4
1. 代詞（1）
2. 疑問詞（1）
3. "A是B"「AはBである」

第2課　あなたは日本人ですか？　　　　　　　　　10
1. 代詞（2）
2. 副詞
3. 疑問文
4. 否定文など

第3課　これは誰の荷物ですか？　　　　　　　　　16
1. "A的B"「AのB」
2. "AB"「AのB」
3. "什么…"「何の…，どんな…」

第4課　お元気ですか？　　　　　　　　　　　　　22
1. 形容詞を用いる文
2. "副詞＋形容詞"
3. 疑問詞（2）
4. 代詞（3）

第5課　お名前は何とおっしゃいますか？　　　　　28
1. 名前の尋ね方と答え方

iii

2. "動詞＋目的語"「何々を…する」

第6課　どこに行くのですか？ 34
1. 代詞（4）
2. 「〔どこどこに〕行く」「〔どこどこに〕来る」
3. "在…"「〔どこどこに〕ある，〔どこどこに〕いる」
4. 方位詞

第7課　兄弟姉妹がいますか？ 40
1. "有…"「…を持っている」
2. "有…"「〔どこどこに〕…がある」
3. 量詞
4. "几"「いくつ」

第8課　今日は何月何日ですか？ 46
1. 「何月」「何日」
2. 「何曜日」
3. 「いつ…する」(1)

第9課　いま何時ですか？ 52
1. 「何時」
2. 「いつ…する」(2)
3. 「何歳」

第10課　この本はいくらですか？ 58
1. 「この…」「その…」「どの…」
2. お金の数え方
3. "多少"「いくつ，どれくらい」

4.「100」以上の数

第11課　何を食べるのが好きですか？　　64
1. "喜欢…"「…するのが好きだ」
2. "想…"「…したいと思う」
3. "打算…"「…するつもりだ」
4.「いつ…する」(3)

第12課　中国語が話せますか？　　70
1. "会…"「…することができる」
2. "…一点儿"「少し…」
3. "教"「〔誰々に何々を〕教える」
4. "给"「〔誰々に何々を〕与える」

第13課　来ることができますか？　　76
1. "能…"「…することができる」
2. "可以…"「…してもよい」
3. "给…"「〔誰々〕に」

第14課　中国に行ったことがありますか？　　82
1. "動詞＋过"「…したことがある」
2. "在…"「〔どこどこ〕で」
3.「…から」

第15課　来ましたか？　　88
1. "…了"「…した」「…している」
2. "動詞＋了＋目的語"「何々を…した」

v

第一课	自我介绍	自己紹介	98
第二课	我的家	我が家	104
第三课	我们学校	私たちの学校	110
第四课	从家到学校	家から学校まで	116
第五课	我的星期一	私の月曜日	122
第六课	我的一周	私の1週間	128
第七课	爱好	趣味	134
第八课	喜欢的食物	好きな食べ物	140
第九课	记日记	日記をつける	146
第十课	将来的梦想	将来の夢	152

練習・確認の正解　　　　　　　　　　　　　158
　　　　基礎編　158
　　　　発展編　168
小辞典兼索引　　　　　　　　　　　　　　　177
音読みからピンインを引くための**小字典**　　213

基礎編

各課では主に下の▶で示した表現を学びます。

第１課　これは何ですか？
　　　　　▶「何？」「誰？」
第２課　あなたは日本人ですか？
　　　　　▶「…ですか？」「…です」
第３課　これは誰の荷物ですか？
　　　　　▶「誰の…？」「どんな…？」
第４課　お元気ですか？
　　　　　▶「元気ですか？」「とても元気です」
第５課　お名前は何とおっしゃいますか？
　　　　　▶「お名前は…？」「何を…？」
第６課　どこに行くのですか？
　　　　　▶「どこに？」
第７課　兄弟姉妹がいますか？
　　　　　▶「…がいます」「…があります」
第８課　今日は何月何日ですか？
　　　　　▶「何月何日？」「何曜日？」
第９課　いま何時ですか？
　　　　　▶「何時？」「何歳？」
第１０課　この本はいくらですか？
　　　　　▶「値段はいくら？」「どれだけの…？」
第１１課　何を食べるのが好きですか？
　　　　　▶「…が好きです」
第１２課　中国語が話せますか？
　　　　　▶「…ができます（１）」
第１３課　来ることができますか？
　　　　　▶「…ができます（２）」
第１４課　中国に行ったことがありますか？
　　　　　▶「…したことがあります」
第１５課　来ましたか？
　　　　　▶「…しました」

基礎編の構成

全15課。どの課も「本文」「語句」「ポイント」「ポイントの語句」「練習」「確認」の6頁で構成されています。

「本文」はA（男性）とB（浜崎夏美さん）の会話です。

```
CDの説明
♪ 本文…聞き取りやすいスピードで録音されています。
♪ 「Bを発音しよう」…Aに続いてBを発音してください。
♪ 「Aを発音しよう」…合図の音が鳴ったらAを発音してください。
♪ ポイント…□の部分が録音されています。
```

【覚えておこう】で
知識をふやしましょう。

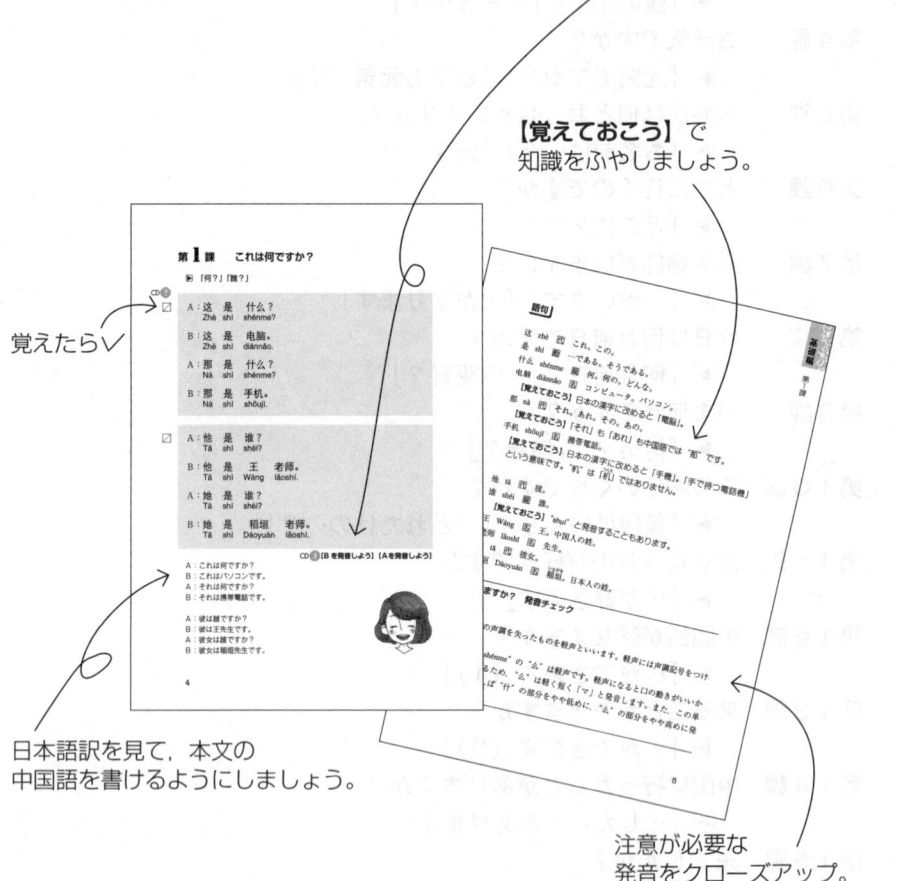

覚えたら✓

日本語訳を見て，本文の
中国語を書けるようにしましょう。

注意が必要な
発音をクローズアップ。

第1課　これは何ですか？

▶「何？」「誰？」

A：这　是　什么？
　　Zhè shì shénme?

B：这　是　电脑。
　　Zhè shì diànnǎo.

A：那　是　什么？
　　Nà shì shénme?

B：那　是　手机。
　　Nà shì shǒujī.

A：他　是　谁？
　　Tā shì shéi?

B：他　是　王　老师。
　　Tā shì Wáng lǎoshī.

A：她　是　谁？
　　Tā shì shéi?

B：她　是　稻垣　老师。
　　Tā shì Dàoyuán lǎoshī.

［Bを発音しよう］［Aを発音しよう］

A：これは何ですか？
B：これはパソコンです。
A：それは何ですか？
B：それは携帯電話です。

A：彼は誰ですか？
B：彼は王先生です。
A：彼女は誰ですか？
B：彼女は稲垣先生です。

語句

这 zhè 代 これ。この。
是 shì 動 …である。そうである。
什么 shénme 疑 何。何の。どんな。
电脑 diànnǎo 名 コンピュータ。パソコン。
　【覚えておこう】日本の漢字に改めると「電脳」。
那 nà 代 それ。あれ。その。あの。
　【覚えておこう】「それ」も「あれ」も中国語では"那"です。
手机 shǒujī 名 携帯電話。
　【覚えておこう】日本の漢字に改めると「手機」。「手で持つ電話機」という意味です。"机"は「机(つくえ)」ではありません。

他 tā 代 彼。
谁 shéi 疑 誰。
　【覚えておこう】"shuí"と発音することもあります。
王 Wáng 名 王。中国人の姓。
老师 lǎoshī 名 先生。
她 tā 代 彼女。
稲垣 Dàoyuán 名 稲垣(いながき)。日本人の姓。

読めますか？　発音チェック

什么

　本来の声調を失ったものを軽声といいます。軽声には声調記号をつけません。
　"什么 shénme"の"么"は軽声です。軽声になると口の動きがいいかげんになるため，"么"は軽く短く「マ」と発音します。また，この単語はしばしば"什"の部分をやや低めに，"么"の部分をやや高めに発音します。

ポイント

CD 4 　[☐の部分が録音されています]

1. 代詞（1）〔疑問詞を含む〕

这 zhè	那 nà	哪 nǎ	これ	それ	どれ
我 wǒ	你 nǐ	您 nín	私	あなた	あなた
他 tā	她 tā	它 tā	彼	彼女	それ

2. 疑問詞（1）

什么 shénme	谁 shéi	何	誰

3. "A是B"「AはBである」

这是电脑。　←　これはパソコンです。
那是手机。　←　それは携帯電話です。

这是什么？　←　これは何ですか？
那是什么？　←　それは何ですか？

「それは…である」も「あれは…である」も中国語では"那是…"です。

我是滨崎夏美。　←　私は浜崎夏美です。
他是王老师。　←　彼は王先生です。
她是稲垣老师。　←　彼女は稲垣先生です。

你是谁？　←　あなたは誰ですか？
他是谁？　←　彼は誰ですか？
她是谁？　←　彼女は誰ですか？

ポイントの語句

哪 nǎ 疑 どれ。どの。
我 wǒ 代 私。
你 nǐ 代 あなた。
您 nín 代 あなた。"你"の丁寧な言い方。
它 tā 代 それ。
　【覚えておこう】"他"「彼」，"她"「彼女」と同じ発音です。"那"「それ，あれ」ほど多用されません。
滨崎夏美 Bīnqí Xiàměi 浜崎夏美。日本人の氏名。
　【覚えておこう】日本語では「浜崎」「濱﨑」などの書き方や，「はまさき」「はまざき」などの読み方がありますが，中国語で表すとすべて"滨崎 Bīnqí"となります。

イラストで覚える中国語

太阳 tàiyáng　月亮 yuèliang　星星 xīngxing

練習

(→解答と解説は p.158)

1. 日本語の部分を中国語に改めなさい。

A：　　　　　　　これは何ですか？
B：这是电脑。
A：　　　　　　　それは何ですか？
B：那是手机。

A：　　　　　　　彼は誰ですか？
B：他是王老师。
A：　　　　　　　彼女は誰ですか？
B：她是稲垣老师。

2. （　）内の語句を使って，中国語に訳しなさい。

① これは電子辞書です。（电子词典 diànzǐ cídiǎn）

② それはデジタルカメラです。（数码相机 shùmǎ xiàngjī）

③ 私は大学生です。（大学生 dàxuéshēng）

④ 彼は中国人です。（中国人 Zhōngguórén）

⑤ 彼女は日本人です。（日本人 Rìběnrén）

ヒント　②"那"と"哪"を混同しないように。④⑤"他"と"她"に注意。

確認

(→解答と解説は p.158)

1. ピンインと意味を見て，（ ）内に語句を入れなさい。

① （　　　）zhè　　これ
② （　　　）nà　　それ，あれ
③ （　　　）nǎ　　どれ
④ （　　　）wǒ　　私
⑤ （　　　）nǐ　　あなた
⑥ （　　　）tā　　彼
⑦ （　　　）tā　　彼女
⑧ （　　　）shéi　　誰
⑨ （　　　）shénme　　何
⑩ （　　　）shì　　…である

2. 中国語に訳しなさい。

① これは何ですか？

② これはパソコンです。

③ 私は……です。〔自分の氏名を用いる〕

④ 彼は誰ですか？

⑤ 彼は王先生です。

第2課　あなたは日本人ですか？

▶「…ですか？」「…です」

CD 5

□ A：你　是　日本人　吗？
　　　Nǐ　shì　Rìběnrén　ma?

　B：是，我　是　日本人。
　　　Shì, wǒ　shì　Rìběnrén.

　A：他　也　是　日本人　吗？
　　　Tā　yě　shì　Rìběnrén　ma?

　B：不　是，他　不　是　日本人。
　　　Bú　shì, tā　bú　shì　Rìběnrén.

□ A：他　是　哪　国　人？
　　　Tā　shì　nǎ　guó　rén?

　B：他　是　中国人。
　　　Tā　shì　Zhōngguórén.

　A：你们　都　是　大学生　吗？
　　　Nǐmen　dōu　shì　dàxuéshēng　ma?

　B：是，我们　都　是　大学生。
　　　Shì, wǒmen　dōu　shì　dàxuéshēng.

CD 6　[Bを発音しよう][Aを発音しよう]

A：あなたは日本人ですか？
B：はい，私は日本人です。
A：彼も日本人ですか？
B：いいえ，彼は日本人ではありません。

A：彼はどの国の人ですか？
B：彼は中国人です。
A：あなたたちはみんな大学生ですか？
B：はい，私たちはみんな大学生です。

語句

日本人　Rìběnrén　名　日本人。
吗　ma　助　…か。疑問の語気を表す。
也　yě　副　…も。
不　bù　副　…でない。…しない。

哪国人　nǎ guó rén　どの国の人。"哪"は「どれ，どの」。
中国人　Zhōngguórén　名　中国人。
你们　nǐmen　代　あなたたち。
都　dōu　副　すべて。みな。
大学生　dàxuéshēng　名　大学生。
我们　wǒmen　代　私たち。

読めますか？　発音チェック

不是

bù shì　⇒　bú shì

　"不 bù"は後ろに第4声が続く時，第2声に変調します。
　本書では，"不"が変調する時は変調後の声調で示します。

ポイント

CD 7 [☐の部分が録音されています]

1. 代詞（2）〔疑問詞を含む〕

☐ 我们 wǒmen　咱们 zánmen　　　私たち　私たち
　 你们 nǐmen　　　　　　　　　　あなたたち
　 他们 tāmen　她们 tāmen　它们 tāmen　彼ら　彼女ら　それら

☐ 这些 zhèxiē　那些 nàxiē　哪些 nǎxiē　これら　それら　どれとどれ

2. 副詞

☐ 不 bù　也 yě　都 dōu　　　　…でない　…も　すべて

3. 疑問文

☐ 你是中国人吗?　←　あなたは中国人ですか？
　 这是手机吗?　　←　これは携帯電話ですか？

　下の否定文に使う"不是"を用いて"你是不是…""这是不是…"と言うこともあります。この場合は文末に"吗"を置きません。

4. 否定文など

☐ 我不是中国人。　←　私は中国人ではありません。
　 这不是手机。　　←　これは携帯電話ではありません。

☐ 我也是日本人。　←　私も日本人です。
　 这也是手机。　　←　これも携帯電話です。

☐ 我们都是日本人。←　私たちはみんな日本人です。
　 这些都是手机。　←　これらはすべて携帯電話です。

　"不""也""都"は副詞です。副詞は動詞の前に置きます。

ポイントの語句

咱们 zánmen　代　〔話し相手を含んだ〕私たち。
他们 tāmen　代　彼ら。
她们 tāmen　代　彼女ら。
它们 tāmen　代　それら。
【覚えておこう】"他们"「彼ら」，"她们"「彼女ら」と同じ発音です。下の"那些"「それら，あれら」ほど多用されません。
这些 zhèxiē　代　これら。これらの。
那些 nàxiē　代　それら。あれら。それらの。あれらの。
哪些 nǎxiē　疑　どれとどれ。どれとどの。

イラストで覚える中国語

山 shān　河 hé　树 shù　鸟 niǎo

「1個」の「個」のように物を数える語を量詞といいます。〔42頁参照〕
これらを数える量詞は？〔177頁〜の**小辞典兼索引**で調べよう〕

練習

(→解答と解説は p.158)

1. 日本語の部分を中国語に改めなさい。

A：_____ あなたは日本人ですか？
B：是，我是日本人。
A：_____ 彼も日本人ですか？
B：不是，他不是日本人。

A：_____ 彼はどの国の人ですか？
B：他是中国人。
A：_____
_____ あなたたちはみんな大学生ですか？
B：是，我们都是大学生。

2. （ ）内の語句を使って，中国語に訳しなさい。

① あなたは中国の留学生ですか？（中国留学生 Zhōngguó liúxuéshēng）

② 私たちはみんな日本の学生です。（日本学生 Rìběn xuésheng）

③ 彼は韓国人ではありません。（韩国人 Hánguórén）

④ これも中国語のテキストです。（汉语课本 Hànyǔ kèběn）

⑤ これらはすべて日本語のテキストです。（日语 Rìyǔ）

ヒント ②③④⑤ "都" "不" "也" などの副詞は動詞の前に。

確認

(→解答と解説は p.159)

1. ピンインと意味を見て，(　) 内に語句を入れなさい。

① (　　　) wǒmen　　私たち
② (　　　) nǐmen　　あなたたち
③ (　　　) tāmen　　彼ら
④ (　　　) tāmen　　彼女ら
⑤ (　　　) zhèxiē　　これら
⑥ (　　　) nàxiē　　それら，あれら
⑦ (　　　) nǎxiē　　どれとどれ
⑧ (　　　) ma　　…か？
⑨ (　　　) yě　　…も
⑩ (　　　) dōu　　すべて，みな

2. 中国語に訳しなさい。

① あなたは中国人ですか？

② 私は中国人ではありません。

③ 彼も日本人です。

④ 彼女はどの国の人ですか？

⑤ 私たちはみんな日本人です。

第3課　これは誰の荷物ですか？

▶「誰の…？」「どんな…？」

A：这 是 谁 的 行李？
　　Zhè shì shéi de xíngli?

B：这 是 我 的 行李。
　　Zhè shì wǒ de xíngli.

A：那 也 是 你 的 行李 吗？
　　Nà yě shì nǐ de xíngli ma?

B：不 是, 那 不 是 我 的。
　　Bú shì, nà bú shì wǒ de.

A：这 是 什么 卡？
　　Zhè shì shénme kǎ?

B：这 是 信用卡。
　　Zhè shì xìnyòngkǎ.

A：那 是 什么 卡？
　　Nà shì shénme kǎ?

B：那 是 现金卡。
　　Nà shì xiànjīnkǎ.

【Bを発音しよう】【Aを発音しよう】

A：これは誰の荷物ですか？
B：これは私の荷物です。
A：それもあなたの荷物ですか？
B：いいえ，それは私のものではありません。

A：これは何のカードですか？
B：これはクレジットカードです。
A：それは何のカードですか？
B：それはキャッシュカードです。

語句

的　de　　助　　…の。
行李　xíngli　名　〔旅行かばんなどの〕荷物。手荷物。

卡　kǎ　名　カード。
　【覚えておこう】英語の"card"の音訳語です。
信用卡　xìnyòngkǎ　名　クレジットカード。
现金卡　xiànjīnkǎ　名　キャッシュカード。

読めますか？　発音チェック

的
　"的 de"は軽声です。軽声になると口の動きがいいかげんになるため、"的"は軽く短く「ダ」と発音します。

イラストで覚える中国語

　熊猫　xióngmāo　猫　māo　老鼠　lǎoshǔ　老虎　lǎohǔ
「1頭」「1匹」など動物を数える時には、量詞"只 zhī"を用います。

ポイント

CD⑩ 〔☐の部分が録音されています〕

1. "A的B"「AのB」

☐ 谁的书？ ← 誰の本？
  我的书 ← 私の本

☐ 谁的？ ← 誰のもの？
  我的 ← 私のもの

"B"を省略すると「Aのもの」という意味になります。

2. "AB"「AのB」

☐ 我爸爸 ← 私の父
  我妈妈 ← 私の母

☐ 我家 ← 私の家
  我们学校 ← 私たちの学校

☐ 中国学生 ← 中国の学生
  日本学生 ← 日本の学生
  汉语课本 ← 中国語のテキスト
  日语课本 ← 日本語のテキスト

"的"を入れることもあります。"的"は日本語の「の」ほど多用されません。

3. "什么…"「何の…，どんな…」

☐ 这是**什么**花？ ← これは何の花ですか？
  这是**什么**酒？ ← これはどんなお酒ですか？

"什么"は「何」という意味の疑問詞ですが，後ろに名詞を置くと「何の，どんな」という意味になります。

ポイントの語句

书　shū　图　本。書物。
　【覚えておこう】日本の漢字に改めると「書」。
爸爸　bàba　图　父。お父さん。
妈妈　māma　图　母。お母さん。
家　jiā　图　家。家庭。
学校　xuéxiào　图　学校。
中国　Zhōngguó　图　中国。
学生　xuésheng　图　学生。
日本　Rìběn　图　日本。
汉语　Hànyǔ　图　中国語。
　【覚えておこう】日本の漢字に改めると「漢語」。
课本　kèběn　图　テキスト。教科書。
日语　Rìyǔ　图　日本語。
花　huā　图　花。
酒　jiǔ　图　酒。

練習

(→解答と解説は p.159)

1. 日本語の部分を中国語に改めなさい。

A：_____ これは誰の荷物ですか？
B：这是我的行李。
A：_____
　　　　　　　　 それもあなたの荷物ですか？
B：不是，那不是我的。

A：_____ これは何のカードですか？
B：这是信用卡。
A：_____ それは何のカードですか？
B：那是现金卡。

2. （　）内の語句を使って，中国語に訳しなさい。

① これは誰のかばんですか？（书包 shūbāo）

② これらの本はすべて私のものです。（这些书 zhèxiē shū）

③ 彼は英語の先生です。（英语 Yīngyǔ）

④ 彼女は高校の先生です。（高中 gāozhōng）

⑤ これはどんな料理ですか？（菜 cài）

ヒント　①⑤文末に"吗"を用いない。③④"的"は不要。

確認

(→解答と解説は p.159)

1. ピンインと意味を見て，(　) 内に語句を入れなさい。

① (　　　　) xíngli　　荷物
② (　　　　) kǎ　　　　カード
③ (　　　　) shū　　　本
④ (　　　　) Hànyǔ　　中国語
⑤ (　　　　) Rìyǔ　　　日本語
⑥ (　　　　) kèběn　　テキスト
⑦ (　　　　) bàba　　　父
⑧ (　　　　) māma　　　母
⑨ (　　　　) de　　　　…の
⑩ (　　　　) bù　　　　…でない，…しない

2. 中国語に訳しなさい。

① これは誰の荷物ですか？

② これは私の荷物です。

③ それは誰のものですか？

④ それは王先生のものです。

⑤ これは何の花ですか？

第4課　お元気ですか？

▶「元気ですか？」「とても元気です」

A：你　好　吗？
　　Nǐ　hǎo　ma?

B：我　很　好。
　　Wǒ　hěn　hǎo.

A：你　父母　怎么样？
　　Nǐ　fùmǔ　zěnmeyàng?

B：谢谢。　他们　都　很　好。
　　Xièxie.　Tāmen　dōu　hěn　hǎo.

A：这个　贵　吗？
　　Zhège　guì　ma?

B：这个　很　贵。
　　Zhège　hěn　guì.

A：那个　贵　不　贵？
　　Nàge　guì　bú　guì?

B：不　贵，　非常　便宜。
　　Bú　guì,　fēicháng　piányi.

【Bを発音しよう】【Aを発音しよう】

A：お元気ですか？
B：とても元気です。
A：あなたのご両親はいかがですか？
B：ありがとう。2人とも元気です。

A：これは値段が高いですか？
B：とても高いです。
A：それは値段が高いですか？
B：高くありません，非常に安いです。

語句

好　hǎo　形　①よい。②元気だ。健康だ。
很　hěn　副　とても。
父母　fùmǔ　名　父母。両親。
　【覚えておこう】「父親」は"父亲 fùqīn",「母親」は"母亲 mǔqīn"。
　これらは"爸爸""妈妈"より硬い言葉です。
怎么样　zěnmeyàng　疑　どのようであるか。様子や状態を尋ねる。
　【覚えておこう】"样"は日本の漢字に改めると「様」。
谢谢　xièxie　動　感謝する。ありがとう。

这个　zhège　代　これ。この。
　【覚えておこう】"个"は日本の漢字に改めると「個」。
贵　guì　形　〔値段が〕高い。
那个　nàge　代　それ。あれ。その。あの。
贵不贵　guì bú guì　〔値段が〕高いか。"贵吗"と同義。
非常　fēicháng　副　非常に。
便宜　piányi　形　〔値段が〕安い。

読めますか？　発音チェック

你好　我很好

nǐ hǎo　⇒　ní hǎo

wǒ hěn hǎo　⇒　wǒ | hén hǎo

　第3声が連続する時は，前の第3声が第2声に変調します。
　3つ以上連続する時は，意味の区切れを考えて適当な所で区切って変調させます。

ポイント

1. 形容詞を用いる文

我忙。	← 私は忙しいです。
我不忙。	← 私は忙しくありません。
你忙吗？	← あなたは忙しいですか？
你忙不忙？	← 同上

否定文は形容詞の前に"不"を置きます。

疑問文は文末に"吗"を置くほか，"忙不忙"のように"肯定＋否定"で表すこともできます。

2. "副詞＋形容詞"

我很忙。	← 私はとても忙しいです。
我非常忙。	← 私は非常に忙しいです。
我不太忙。	← 私はあまり忙しくありません。

副詞は形容詞の前に置きます。"不太…"は「あまり…ではない」という意味です。

3. 疑問詞（2）

怎么样 zěnmeyàng　怎么 zěnme　どのようであるか　どのように

你怎么样？	← あなたはいかがですか？
你怎么了？	← あなたはどうしましたか？

4. 代詞（3）〔疑問詞を含む〕

这个 zhège　那个 nàge　哪个 nǎge　これ それ どれ

形容詞を用いる文の「これは…」「それは…，あれは…」「どれが…」には"这""那""哪"ではなく，"这个""那个""哪个"が多用されます。

ポイントの語句

忙　máng　圏　忙しい。
不太…　bú tài…　あまり…ではない。"太"は「たいへん，あまりにも」。
怎么了　zěnme le　どうしたのか。
　【覚えておこう】"怎么"は「どのように」という意味の疑問詞。"了"は「…になった」という意味の助詞。"怎么了"は「どうなったか，どうしたのか」。
哪个　nǎge　疑　どれ。どの。

読めますか？　発音チェック

我很忙　　你怎么样　　你怎么了
wǒ hěn máng　⇒　wó hěn máng
nǐ zěnmeyàng　⇒　ní zěnmeyàng
nǐ zěnme le　⇒　ní zěnme le
　第3声の連続に注意。
　"么 me""了 le"は軽声です。軽声になると口の動きがいいかげんになるため，"么""了"はそれぞれ軽く短く「マ」「ラ」と発音します。

这个　那个　哪个
　"个 ge"は軽声です。軽声になると口の動きがいいかげんになるため，"个"は軽く短く「ガ」と発音します。
　"这个 zhège""那个 nàge""哪个 nǎge"はそれぞれ"zhèige""nèige""něige"と発音することもあります。

練習

(→解答と解説は p.160)

1. 日本語の部分を中国語に改めなさい。

A：_____ お元気ですか？
B：我很好。
A：_____ あなたのご両親はいかがですか？
B：谢谢。他们都很好。

A：_____ これは値段が高いですか？
B：这个很贵。
A：_____ それは値段が高いですか？
B：不贵，非常便宜。

2. （ ）内の語句を使って，中国語に訳しなさい。

① あなたは空腹ですか？（饿 è）

② 私は疲れていません。（累 lèi）

③ 私はとても嬉しいです。（高兴 gāoxìng）

④ これは非常においしいです。（好吃 hǎochī）

⑤ どれが一番安いですか？（最 zuì）

ヒント　①2通りが可能。⑤ "最"は副詞。文末に "吗" を用いない。

26

確認 （→解答と解説は p.160）

1. ピンインと意味を見て，（ ）内に語句を入れなさい。

① (　　　) hǎo　　　　よい，元気だ
② (　　　) guì　　　　〔値段が〕高い
③ (　　　) piányi　　　〔値段が〕安い
④ (　　　) hěn　　　　とても
⑤ (　　　) bú tài　　　あまり…ではない
⑥ (　　　) zěnmeyàng　どのようであるか
⑦ (　　　) zěnme le　　どうしたのか
⑧ (　　　) zhège　　　これ
⑨ (　　　) nàge　　　　それ，あれ
⑩ (　　　) nǎge　　　　どれ

2. 中国語に訳しなさい。

① お元気ですか？

② 私はとても元気です。

③ あなたはいかがですか？

④ これは〔値段が〕とても高い。

⑤ それは〔値段が〕とても安い。

27

第5課　お名前は何とおっしゃいますか？

▶ 「お名前は…？」「何を…？」

A：您　贵姓？
　　Nín　guìxìng?

B：我　姓　滨崎。
　　Wǒ　xìng　Bīnqí.

A：你　叫　什么？
　　Nǐ　jiào　shénme?

B：我　叫　滨崎　夏美。
　　Wǒ　jiào　Bīnqí　Xiàměi.

A：你　吃　什么？
　　Nǐ　chī　shénme?

B：我　吃　汉堡包。
　　Wǒ　chī　hànbǎobāo.

A：你　喝　什么？
　　Nǐ　hē　shénme?

B：我　喝　可乐。
　　Wǒ　hē　kělè.

[Bを発音しよう]［Aを発音しよう］

A：お名前は何とおっしゃいますか？
B：浜崎と申します。
A：何という名前ですか？
B：浜崎夏美と申します。

A：あなたは何を食べますか？
B：ハンバーガーを食べます。
A：あなたは何を飲みますか？
B：コーラを飲みます。

語句

贵姓 guìxìng 名 お名前。相手の姓を丁寧に尋ねる時に用いる。
姓 xìng 動 …という姓である。
叫 jiào 動 …という名前である。

吃 chī 動 食べる。
汉堡包 hànbǎobāo 名 ハンバーガー。
　【覚えておこう】"汉堡"は「ハンブルク」という地名に由来します。
喝 hē 動 飲む。
可乐 kělè 名 コーラ。
　【覚えておこう】"乐"は日本の漢字に改めると「楽」。"乐"の字は「楽しい」という意味の時は"lè",「音楽」という意味の時は"yuè"と発音します。日本語の音読みでも「ラク」「ガク」と読み分けています。なお，"可乐"は英語の"cola"の音訳語です。

イラストで覚える中国語

香蕉 xiāngjiāo　葡萄 pútáo　西瓜 xīguā

ポイント

CD 16　【☑の部分が録音されています】

1. 名前の尋ね方と答え方

☑　您贵姓?　　　←　あなたのお名前は？〔姓だけを尋ねる〕
　　你叫什么?　　←　あなたは何という名前ですか？〔氏名を尋ねる〕

　"什么"の後ろに"名字"「名前」を置いて，"你叫什么名字"と言うこともあります。

☑　我姓滨崎。　　　←　私は浜崎という姓です。
　　我叫滨崎夏美。　←　私は浜崎夏美という名前です。

2. "動詞＋目的語"「何々を…する」

☑　吃什么?　←　何を食べるか？
　　喝什么?　←　何を飲むか？

☑　吃水果　←　果物を食べる
　　喝咖啡　←　コーヒーを飲む

☑　看电视　←　テレビを見る
　　看书　　←　本を読む

☑　买衣服　←　服を買う
　　买东西　←　買い物をする

☑　学汉语　　←　中国語を学ぶ
　　学习汉语　←　同上

　文末に"吗"を置くと「…するか」という意味の疑問文になります。
　動詞の前に"不"を置くと「…しない」という意味の否定文になります。例えば"不吃水果""不喝咖啡"はそれぞれ「果物を食べない」「コーヒーを飲まない」。

ポイントの語句

名字　míngzi　名　名前。"什么名字"は「どんな名前，何という名前」。
　【覚えておこう】「名字(みょうじ)」という意味ではありません。
水果　shuǐguǒ　名　果物。
咖啡　kāfēi　名　コーヒー。
　【覚えておこう】英語の"coffee"の音訳語です。日本語の漢字では「珈琲」と書いています。
看　kàn　動　見る。〔本や新聞を声を出さずに〕読む。
电视　diànshì　名　テレビ。
买　mǎi　動　買う。
衣服　yīfu　名　服。衣服。
东西　dōngxi　名　物。品物。"买东西"は「物を買う，買い物をする」。
学　xué　動　学ぶ。
学习　xuéxí　動　学ぶ。
　【覚えておこう】日本の漢字に改めると「学習」。

イラストで覚える中国語

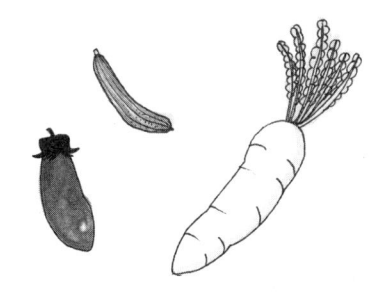

茄子　qiézi　黄瓜　huánggua　萝卜　luóbo

練習

(→解答と解説は p.160)

1. 日本語の部分を中国語に改めなさい。

A：_____　お名前は何とおっしゃいますか？
B：我姓滨崎。
A：_____　何という名前ですか？
B：我叫滨崎夏美。

A：_____　あなたは何を食べますか？
B：我吃汉堡包。
A：_____　あなたは何を飲みますか？
B：我喝可乐。

2. (　)内の語句を使って，中国語に訳しなさい。

① 彼は李という名前です。（李 Lǐ）

② 彼女は張麗という名前です。（张丽 Zhāng Lì）

③ あなたは何がほしいですか？（要 yào）

④ あなたは音楽を聞きますか？（听音乐 tīng yīnyuè）

⑤ 私はビールを飲みません。（啤酒 píjiǔ）

ヒント　②「張麗」は氏名。③文末に"吗"を用いない。④"听"は日本の漢字「聴」。

32

確認　　　　　　　　　　　　（→解答と解説は p.161）

1. ピンインと意味を見て，（　）内に語句を入れなさい。

① (　　　) nín　　　あなた〔丁寧な言い方〕
② (　　　) jiào　　　…という名前である
③ (　　　) chī　　　食べる
④ (　　　) hē　　　飲む
⑤ (　　　) kàn　　　見る
⑥ (　　　) mǎi　　　買う
⑦ (　　　) xuéxí　　学ぶ
⑧ (　　　) shuǐguǒ　果物
⑨ (　　　) diànshì　テレビ
⑩ (　　　) dōngxi　　物，品物

2. 中国語に訳しなさい。

① お名前は何とおっしゃいますか？〔丁寧に姓だけを尋ねる〕

② 私は…という姓です。〔自分の姓を用いる〕

③ 私は……という名前です。〔自分の氏名を用いる〕

④ 私は買い物をします。

⑤ 私は中国語を学びます。

第6課　どこに行くのですか？

▶「どこに…？」

A：你　去　哪儿？
　　Nǐ　qù　nǎr?

B：我　去　书店。
　　Wǒ　qù　shūdiàn.

A：书店　在　哪儿？
　　Shūdiàn　zài　nǎr?

B：就　在　那儿。
　　Jiù　zài　nàr.

A：美术馆　在　哪儿？
　　Měishùguǎn　zài　nǎr?

B：美术馆　在　公园　里边。
　　Měishùguǎn　zài　gōngyuán　lǐbian.

A：图书馆　在　哪儿？
　　Túshūguǎn　zài　nǎr?

B：图书馆　在　美术馆　旁边。
　　Túshūguǎn　zài　měishùguǎn　pángbiān.

【Bを発音しよう】【Aを発音しよう】

A：あなたはどこに行くのですか？
B：書店に行きます。
A：書店はどこにありますか？
B：すぐそこにあります。

A：美術館はどこにありますか？
B：美術館は公園の中にあります。
A：図書館はどこにありますか？
B：図書館は美術館の横にあります。

語句

去 qù 動 行く。
哪儿 nǎr 疑 どこ。
书店 shūdiàn 名 書店。本屋。
在 zài 動 〔どこどこに〕ある。〔どこどこに〕いる。
就 jiù 副 すぐ。すぐに。
那儿 nàr 代 そこ。あそこ。

美术馆 měishùguǎn 名 美術館。
公园 gōngyuán 名 公園。
里边 lǐbian 方 中。
图书馆 túshūguǎn 名 図書館。
旁边 pángbiān 方 横。隣。

【覚えておこう】"旁边"の"边"は軽声ではなく，第1声で発音します。

読めますか？ 発音チェック

哪儿　那儿

　音節末尾で舌先をそり上げる現象があり，アル化〔中国語で"儿化 érhuà"〕といいます。アル化の漢字表記は"儿"で表し，ピンインは"r"で表します。発音する時は"er"を発音する要領で舌先をそり上げます。
　"哪儿 nǎr""那儿 nàr"はアル化する単語です。"r"の前の音節"nǎ""nà"に続けて舌先をそり上げて発音します。次頁ポイントの"这儿 zhèr"もアル化する単語です。

ポイント

CD 19 　[☐の部分が録音されています]

1. 代詞（4）〔疑問詞を含む〕

☐

| 这儿 zhèr | 那儿 nàr | 哪儿 nǎr | ここ | そこ | どこ |
| 这里 zhèli | 那里 nàli | 哪里 nǎli | ここ | そこ | どこ |

「ここ」「そこ，あそこ」「どこ」すべて2通りの言い方があります。

2. 「〔どこどこに〕行く」「〔どこどこに〕来る」

☐

你去哪儿?	←	あなたはどこに行きますか？
我去中国。	←	私は中国に行きます。
他来日本。	←	彼は日本に来ます。

3. "在…"「〔どこどこに〕ある，〔どこどこに〕いる」

☐

你家在哪儿?	←	あなたの家はどこにありますか？
我家在东京。	←	私の家は東京にあります。
你在哪儿?	←	あなたはどこにいますか？
我在这儿。	←	私はここにいます。

主語が物のときは「ある」，人のときは「いる」という訳になります。

4. 方位詞

☐

书店前边	←	書店の前
公园里边	←	公園の中
学校东边	←	学校の東
美术馆旁边	←	美術館の横

　その他の方位詞として"上边""下边""后边""外边""南边""西边""北边""左边""右边"などがあります。

　"书店的前边"のように名詞と方位詞の間に"的"を入れることもあります。

ポイントの語句

这儿　zhèr　［代］　ここ。
这里　zhèli　［代］　ここ。
那里　nàli　［代］　そこ。あそこ。
哪里　nǎli　［疑］　どこ。

　【覚えておこう】実際には"náli"と発音します。"里 lǐ"が第3声としての力を残しているからです。

来　lái　［動］　来る。
东京　Dōngjīng　［名］　東京。
前边　qiánbian　［方］　前。前方。
东边　dōngbian　［方］　東。東側。
上边　shàngbian　［方］　上。
下边　xiàbian　［方］　下。
后边　hòubian　［方］　後ろ。後方。
外边　wàibian　［方］　外。
南边　nánbian　［方］　南。南側。
西边　xībian　［方］　西。西側。
北边　běibian　［方］　北。北側。
左边　zuǒbian　［方］　左。左側。
右边　yòubian　［方］　右。右側。

読めますか？　発音チェック

哪里

nǎli ⇒ náli

　"哪里 nǎli"は実際には"náli"と発音します。"里"がもともと第3声の"lǐ"なので"nǎlǐ ⇒ nálǐ"と変調したあとで，"里"が軽声になったためです。

練習

(→解答と解説は p.161)

1. 日本語の部分を中国語に改めなさい。

A：　　　　　　　あなたはどこに行くのですか？
B：我去书店。
A：　　　　　　　　　書店はどこにありますか？
B：就在那儿。

A：　　　　　　　　　美術館はどこにありますか？
B：美术馆在公园里边。
A：　　　　　　　　　図書館はどこにありますか？
B：图书馆在美术馆旁边。

2. （　）内の語句を使って，中国語に訳しなさい。

① 私たちは香港に行きます。（香港 Xiānggǎng）

② 博物館は公園の中にあります。（博物馆 bówùguǎn）

③ 郵便局は書店の横にあります。（邮局 yóujú）

④ 彼らは事務室にいます。（办公室 bàngōngshì）

⑤ スーパーマーケットはすぐそこにあります。
（超级市场 chāojí shìchǎng）

ヒント　④「…にいる」も"在…"。⑤「すぐ」は"就"。副詞。

38

確認   (→解答と解説は p.161)

1. ピンインと意味を見て，（ ）内に語句を入れなさい。

① (　　　) qù　　　　行く
② (　　　) zài　　　　〔どこどこに〕ある，いる
③ (　　　) zhèr　　　ここ
④ (　　　) nàr　　　　そこ，あそこ
⑤ (　　　) nǎr　　　　どこ
⑥ (　　　) zhèli　　　ここ
⑦ (　　　) nàli　　　　そこ，あそこ
⑧ (　　　) nǎli　　　　どこ
⑨ (　　　) lǐbian　　　中
⑩ (　　　) pángbiān　横，隣

2. 中国語に訳しなさい。

① 私は中国に行きます。

② 彼は日本に来ます。

③ 私はここにいます。

④ あなたの家はどこにありますか？

⑤ 私の家は東京にあります。

第 7 課　兄弟姉妹がいますか？

▶「…がいます」「…があります」

A：你 有 兄弟 姐妹 吗？
　　Nǐ yǒu xiōngdì jiěmèi ma?

B：有， 我 有 一 个 哥哥。
　　Yǒu, wǒ yǒu yí ge gēge.

A：我 没有 兄弟 姐妹。
　　Wǒ méiyǒu xiōngdì jiěmèi.

B：噢， 你 是 独生子。
　　Ō, nǐ shì dúshēngzǐ.

A：你 家 有 几 口 人？
　　Nǐ jiā yǒu jǐ kǒu rén?

B：我 家 有 四 口 人。
　　Wǒ jiā yǒu sì kǒu rén.

A：有 什么 人？
　　Yǒu shénme rén?

B：爸爸、 妈妈、 哥哥 和 我。
　　Bàba, māma, gēge hé wǒ.

【Bを発音しよう】【Aを発音しよう】

A：あなたには兄弟姉妹がいますか？
B：います。兄が1人います。
A：私には兄弟姉妹がいません。
B：ああ，あなたは一人っ子ですね。

A：あなたの家は何人家族ですか？
B：4人家族です。
A：どんな人がいらっしゃいますか？
B：父，母，兄と私です。

語句

有　yǒu　動　持っている。…がある。…がいる。
兄弟姐妹　xiōngdì jiěmèi　兄弟姉妹。
一个　yí ge　1個〔の〕。1人〔の〕。"个"は物や人を数える量詞。
　【覚えておこう】"一 yī"が"yí"に変調します。"个"がもともと第4声"gè"だからです。〔43頁の**発音チェック**参照〕
哥哥　gēge　名　兄。
没有　méiyǒu　動　持っていない。…がない。…がいない。
　【覚えておこう】後ろに言葉が続く場合は"有"を省略して"没"とも言えます。
噢　ō　感　ああ。納得したことを表す。
独生子　dúshēngzǐ　名　一人息子。
　【覚えておこう】40頁の日本語訳は「一人っ子」としましたが、「一人息子」という意味です。「一人娘」は"独生女 dúshēngnǚ"と言います。

几　jǐ　疑　いくつ。数を尋ねる。
　【覚えておこう】日本の漢字に改めると「幾」。
口　kǒu　量　家族の人数を数える。"几口人"は「何人家族」。
爸爸、妈妈、哥哥和我　bàba, māma, gēge hé wǒ　父、母、兄と私。"和"は「…と…」という意味の接続詞。単語を並べる時に用いる記号"、"にも注意。

読めますか？　発音チェック

有几口人
yǒu jǐ kǒu rén　⇒　yǒu｜jí kǒu rén

ポイント

CD 22 【☑の部分が録音されています】

1. "有…"「…を持っている」

☑
我**有**电脑。	← 私はパソコンを持っています。
我**没**〔**有**〕电脑。	← 私はパソコンを持っていません。
我**有**哥哥。	← 私には兄がいます。
我**没**〔**有**〕哥哥。	← 私には兄がいません。

2. "有…"「〔どこどこに〕…がある」

☑
公园里**有**美术馆。	← 公園の中に美術館があります。
桌子上**有**一台电脑。	← 机の上に1台のパソコンがあります。

"里"は方位詞"里边"から"边"が省略されたものです。
"上"は方位詞"上边"から"边"が省略されたものです。

3. 量詞

☑
一**台**电脑	← 1台のパソコン
一**个**苹果	← 1個のリンゴ
一**个**哥哥	← 1人の兄
两**台**电脑	← 2台のパソコン
两**个**苹果	← 2個のリンゴ
两**个**哥哥	← 2人の兄

物を数える語を量詞といいます。助数詞と呼ぶこともあります。
"个"は物のほか，人も数えます。
「2台」「2個」「2人」と言う場合は"两"を用います。

4. "几"「いくつ」

☑
几**个**人？	← 何人の人？
几**口**人？	← 何人家族？

"几"は「いくつ」という意味で，大きくない数を尋ねる疑問詞です。

ポイントの語句

里 li 方 中。＝"里边"
桌子 zhuōzi 名 机。テーブル。
上 shàng 方 上。＝"上边"
一台 yì tái 1台〔の〕。"台"は機械を数える量詞。"一 yī"が"yì"に変調します。
苹果 píngguǒ 名 リンゴ。
两 liǎng 数 2つ。
【覚えておこう】"两"は「2つ」という意味で、"二 èr"は「2番目」という意味です。

読めますか？　発音チェック

一台　一个
yī tái　⇒　yì tái
yī ge　⇒　yí ge

　"一 yī"は後ろに第1声または第2声または第3声が続く時、第4声"yì"に変調します。また、後ろに第4声が続く時、第2声"yí"に変調します。"一"の変調規則には例外もあります。〔49頁の**発音チェック**参照〕
　"一个"の"个"はもともと第4声"gè"なので、その前の"一"は第2声"yí"に変調します。
　本書では、"一"が変調する時は変調後の声調で表します。

練習

（→解答と解説は p.161）

1. 日本語の部分を中国語に改めなさい。

A：_____ あなたには兄弟姉妹がいますか？
B：有，我有一个哥哥。
A：_____ 私には兄弟姉妹がいません。
B：噢，你是独生子。

A：_____ あなたの家は何人家族ですか？
B：我家有四口人。
A：_____ どんな人がいらっしゃいますか？
B：爸爸、妈妈、哥哥和我。

2. （　）内の語句を使って，中国語に訳しなさい。

① 私には姉が2人います。（姐姐 jiějie）

② 私はパスポートを持っていません。（护照 hùzhào）

③ 我が家には父，母，弟，妹と私がいます。
　　　　　　　　　　　　　（弟弟 dìdi，妹妹 mèimei）

④ ああ，あなたは一人娘ですね。（独生女 dúshēngnǚ）

⑤ 机の上に2冊の本があります。（两本 liǎng běn）

> **ヒント** ②"有"の否定。③記号"、"に注意。⑤「冊」は"本"。「本」は？

44

確認

(→解答と解説は p.162)

1. ピンインと意味を見て，（　）内に語句を入れなさい。

① (　　　　) yǒu　　　　　持っている，…がある，…がいる
② (　　　　) méiyǒu　　　　持っていない，…がない，…がいない
③ (　　　　) liǎng ge　　　2個，2人
④ (　　　　) sì kǒu　　　　4人〔家族〕
⑤ (　　　　) hé　　　　　　…と…
⑥ (　　　　) jiěmèi　　　　姉と妹
⑦ (　　　　) gēge　　　　　兄
⑧ (　　　　) dúshēngzǐ　　一人息子
⑨ (　　　　) zhuōzi　　　　机，テーブル
⑩ (　　　　) píngguǒ　　　リンゴ

2. 中国語に訳しなさい。

①　あなたの家は何人家族ですか？

②　我が家は4人家族です。

③　私はパソコンを持っています。

④　私はパソコンを持っていません。

⑤　私には兄が1人います。

第8課　今日は何月何日ですか？

▶「何月何日？」「何曜日？」

A：今天　几月　几号？
　　Jīntiān jǐyuè jǐ hào?

B：今天　七月　七号。
　　Jīntiān qīyuè qī hào.

A：你　几月　几号　去　中国？
　　Nǐ jǐyuè jǐ hào qù Zhōngguó?

B：我　八月　八号　去　中国。
　　Wǒ bāyuè bā hào qù Zhōngguó.

A：今天　星期几？
　　Jīntiān xīngqījǐ?

B：今天　星期四。
　　Jīntiān xīngqīsì.

A：你　星期几　打工？
　　Nǐ xīngqījǐ dǎgōng?

B：我　星期六　打工。
　　Wǒ xīngqīliù dǎgōng.

【Bを発音しよう】【Aを発音しよう】

A：今日は何月何日ですか？
B：今日は7月7日です。
A：あなたは何月何日に中国に行きますか？
B：私は8月8日に中国に行きます。

A：今日は何曜日ですか？
B：今日は木曜日です。
A：あなたは何曜日にアルバイトをしますか？
B：私は土曜日にアルバイトをします。

語句

今天　jīntiān　名　今日。

几月　jǐyuè　何月。"几"は「いくつ」。

几号　jǐ hào　何日。

七月七号　qīyuè qī hào　7月7日。

八月八号　bāyuè bā hào　8月8日。

　【覚えておこう】"一 yī""二 èr""三 sān""四 sì""五 wǔ""六 liù""七 qī""八 bā""九 jiǔ""十 shí"を組み合わせれば"九十九"まで数えられます。例えば「11月30日」は"十一月三十号 shíyīyuè sānshí hào"となります。

星期几　xīngqījǐ　何曜日。

　【覚えておこう】"星期"は「週」という意味で，後ろに"一"～"六"を入れるとそれぞれ「月曜日」～「土曜日」の意味になります。

星期四　xīngqīsì　名　木曜日。

打工　dǎgōng　動　アルバイトをする。

星期六　xīngqīliù　名　土曜日。

ポイント

CD 25 【☐の部分が録音されています】

1.「何月」「何日」

☐
| 几月？ | 一月 | 二月 | 三月 | … | 十二月 |
| 几号？ | 一号 | 二号 | 三号 | … | 三十一号 |

☐ 昨天〔是〕七月六号。 ← 昨日は7月6日です。〔…でした。〕
今天〔是〕七月七号。 ← 今日は7月7日です。

月日を尋ねたり答えたりする文では、"是"を省略することができます。「6日だ」も「6日だった」も中国語では同じ表現になります。

2.「何曜日」

☐
| 星期几？ | 星期一 | 星期二 | 星期三 | 星期四 |
| | 星期五 | 星期六 | 星期天 | |

☐ 今天〔是〕星期四。 ← 今日は木曜日です。
明天〔是〕星期五。 ← 明日は金曜日です。

曜日を尋ねたり答えたりする文では、"是"を省略することができます。

3.「いつ…する」（1）

☐
你几月几号去？ ← あなたは何月何日に行きますか？
我八月八号去。 ← 私は8月8日に行きます。
你星期几来？ ← あなたは何曜日に来ますか？
我星期六来。 ← 私は土曜日に来ます。

「何日に」「8日に」「何曜日に」「土曜日に」の「に」に当たる言葉は、中国語では要りません。

ポイントの語句

一月　yīyuè　名　1月。
二月　èryuè　名　2月。
三月　sānyuè　名　3月。
十二月　shí'èryuè　名　12月。
　【覚えておこう】"shí"と"èr"の間にある" ' "を隔音記号といいます。
　後ろの音節が"a""o""e"で始まる場合に誤読を防ぐために用います。
昨天　zuótiān　名　昨日。
星期一　xīngqīyī　名　月曜日。
星期二　xīngqī'èr　名　火曜日。
星期三　xīngqīsān　名　水曜日。
星期五　xīngqīwǔ　名　金曜日。
星期天　xīngqītiān　名　日曜日。
　【覚えておこう】「日曜日」は"星期日 xīngqīrì"と言うこともあります。
明天　míngtiān　名　明日。

読めますか？　発音チェック

一月一号

yīyuè yī hào

　"一 yī"が「1番目」という意味で用いられた場合は変調しません。

練習

（→解答と解説は p.162）

1. 日本語の部分を中国語に改めなさい。

A：＿＿＿＿＿＿＿＿＿　今日は何月何日ですか？
B：今天七月七号。
A：＿＿＿＿＿＿＿＿＿＿＿＿＿＿
　　　　　　　　あなたは何月何日に中国に行きますか？
B：我八月八号去中国。

A：＿＿＿＿＿＿＿＿＿　今日は何曜日ですか？
B：今天星期四。
A：＿＿＿＿＿＿＿＿＿＿＿
　　　　　　　　あなたは何曜日にアルバイトをしますか？
B：我星期六打工。

2. （　）内の語句を使って，中国語に訳しなさい。

① あなたの誕生日は何月何日ですか？（生日 shēngrì）

② 一昨日は何日でしたか？（前天 qiántiān）

③ 明後日は土曜日です。（后天 hòutiān）

④ あなたは何月何日に日本に帰りますか？（回日本 huí Rìběn）

⑤ あなたは何曜日に出発しますか？（出发 chūfā）

ヒント　①②③ "是" は用いても用いなくてもよい。

確認

(→解答と解説は p.163)

1. ピンインと意味を見て，（ ）内に語句を入れなさい。

① (　　　　) zuótiān　　昨日
② (　　　　) jīntiān　　今日
③ (　　　　) míngtiān　　明日
④ (　　　　) xīngqīyī　　月曜日
⑤ (　　　　) xīngqī'èr　　火曜日
⑥ (　　　　) xīngqīsān　　水曜日
⑦ (　　　　) xīngqīsì　　木曜日
⑧ (　　　　) xīngqīwǔ　　金曜日
⑨ (　　　　) xīngqīliù　　土曜日
⑩ (　　　　) xīngqītiān　　日曜日

2. 中国語に訳しなさい。

① 今日は何月何日ですか？

② 今日は7月7日です。

③ 今日は何曜日ですか？

④ 今日は木曜日です。

⑤ 私は8月8日に行きます。

第9課　いま何時ですか？

▶「何時？」「何歳？」

A：现在 几 点？
　　Xiànzài jǐ diǎn?

B：现在 两 点 二十 分。
　　Xiànzài liǎng diǎn èrshí fēn.

A：你 几 点 走？
　　Nǐ jǐ diǎn zǒu?

B：我 三 点 半 走。
　　Wǒ sān diǎn bàn zǒu.

A：你 今年 多 大？
　　Nǐ jīnnián duō dà?

B：我 今年 二十 岁。
　　Wǒ jīnnián èrshí suì.

A：你 爸爸 多 大 年纪？
　　Nǐ bàba duō dà niánjì?

B：我 爸爸 五十 岁。
　　Wǒ bàba wǔshí suì.

【Bを発音しよう】【Aを発音しよう】

A：いま何時ですか？
B：いま2時20分です。
A：あなたは何時に出かけますか？
B：私は3時半に出かけます。

A：あなたは今年何歳ですか？
B：私は今年20歳です。
A：あなたのお父さんは何歳ですか？
B：私の父は50歳です。

語句

现在　xiànzài　名　いま。現在。

几点　jǐ diǎn　何時。

两点　liǎng diǎn　2時。

【覚えておこう】「2時」と言う場合は"二"ではなく，"两"を用います。

二十分　èrshí fēn　20分。

走　zǒu　動　歩く。行く。出かける。

【覚えておこう】「走る」は"跑 pǎo"と言います。

三点半　sān diǎn bàn　3時半。3時30分。

今年　jīnnián　名　今年。

多大　duō dà　何歳。"多"は「どれくらい」。"大"は「歳をとっている」。

岁　suì　量　歳。年齢を数える。

年纪　niánjì　名　年齢。

【覚えておこう】"多大"の後ろに"年纪"を加えると，年齢を尋ねる丁寧な表現になります。"年纪"の代わりに"岁数 suìshu"を用いることもあります。

読めますか？　発音チェック

几点走　你几点走

jǐ diǎn zǒu　⇒　jí dián zǒu

nǐ jǐ diǎn zǒu　⇒　nǐ｜jí dián zǒu

　第3声が3つ連続する時は，前の2つをどちらも第2声に変調させて発音することがあります。

ポイント

CD 28 【☐の部分が録音されています】

1.「何時」

☐ 几点?　　一点　　两点　　三点　　…　　十二点

☐ 现在几点?　←　いま何時ですか？
　现在一点。　←　いま1時です。

時刻を尋ねたり答えたりする文では，"是"を用いません。
「2時」は"两点"と言います。
"…点"の後ろに"钟"を加えることもあります。

☐ 三点十分　　　　　　　　　　　←　3時10分
　三点十五分　または　三点一刻　←　3時15分
　三点三十分　または　三点半　　←　3時30分
　三点五十分　または　差十分四点　←　3時50分

2.「いつ…する」(2)

☐ 你几点走?　←　あなたは何時に出かけますか？
　我三点走。　←　私は3時に出かけます。

「何時に」「3時に」の「に」に当たる言葉は，中国語では要りません。

☐ 你几点上课?　←　あなたは何時に授業が始まりますか？
　你几点下课?　←　あなたは何時に授業が終わりますか？

3.「何歳」

☐ 你多大?　　　　←　あなたは何歳ですか？
　我二十岁。　　　←　私は20歳です。
　你爸爸多大年纪?　←　あなたのお父さんは何歳ですか？

年齢を尋ねたり答えたりする文では，"是"を用いません。

ポイントの語句

钟　zhōng　图　時間・時刻を表す語の後ろに置く。
　【覚えておこう】もともとの意味は「鐘」。「〔置時計などの〕時計」という意味もあります。腕時計などの「〔小さな〕時計」は"表 biǎo"と言います。
一刻　yí kè　15分。
　【覚えておこう】"一刻"と"三刻"「45分」しか用いません。
差十分　chà shí fēn　10分足りない。10分前。
上课　shàngkè　动　授業に出る。授業が始まる。
下课　xiàkè　动　授業が終わる。

読めますか？　発音チェック

一点　　一刻
yī diǎn　⇒　yì diǎn
yī kè　⇒　yí kè

練習

(→解答と解説は p.163)

1. 日本語の部分を中国語に改めなさい。

A：_____ いま何時ですか？
B：现在两点二十分。
A：_____ あなたは何時に出かけますか？
B：我三点半走。

A：_____ あなたは今年何歳ですか？
B：我今年二十岁。
A：_____ あなたのお父さんは何歳ですか？
B：我爸爸五十岁。

2. （ ）内の語句を使って，中国語に訳しなさい。

① 私の祖父は80歳です。（爷爷 yéye）

② 私の祖母は75歳です。（奶奶 nǎinai）

③ 私は7時に起きます。（起床 qǐchuáng）

④ 私は6時に帰宅します。（回家 huíjiā）

⑤ 私は11時に寝ます。（睡觉 shuìjiào）

[ヒント] ①②"是"は不要。③④⑤時刻を表す言葉を置く位置は？

56

確認

(→解答と解説は p.163)

1. ピンインと意味を見て，(　)内に語句を入れなさい。

① (　　　　) xiànzài　　　いま
② (　　　　) jǐ diǎn　　　何時
③ (　　　　) duō dà　　　何歳
④ (　　　　) yí kè　　　〔…時〕15 分
⑤ (　　　　) bàn　　　〔…時〕30 分
⑥ (　　　　) chà shí fēn　〔…時〕10 分前
⑦ (　　　　) niánjì　　　年齢
⑧ (　　　　) zǒu　　　歩く，行く，出かける
⑨ (　　　　) shàngkè　　授業が始まる
⑩ (　　　　) xiàkè　　　授業が終わる

2. 中国語に訳しなさい。

① いま何時ですか？

② いま2時です。

③ あなたは何歳ですか？

④ 私は20歳です。

⑤ 彼は3時に来ます。

第10課　この本はいくらですか？

▶「値段はいくら？」「どれだけの…？」

A：这 本 书 多少 钱？
　　Zhè běn shū duōshao qián?

B：三十 块 钱。
　　Sānshí kuài qián.

A：这 支 笔 多少 钱？
　　Zhè zhī bǐ duōshao qián?

B：两 块 五 毛 钱。
　　Liǎng kuài wǔ máo qián.

A：你们 学校 有 多少 学生？
　　Nǐmen xuéxiào yǒu duōshao xuésheng?

B：有 一千 零 八十 个 学生。
　　Yǒu yìqiān líng bāshí ge xuésheng.

A：一 年 的 学费 多少 钱？
　　Yì nián de xuéfèi duōshao qián?

B：八十 万 日元。
　　Bāshí wàn rìyuán.

【Bを発音しよう】【Aを発音しよう】

A：この本はいくらですか？
B：30元です。
A：このペンはいくらですか？
B：2.50元です。

A：あなたたちの学校には何人の学生がいますか？
B：1080人の学生がいます。
A：1年間の学費はいくらですか？
B：80万円です。

語句

本　běn　量　冊。書物を数える。
　【覚えておこう】"这本书"は「この本」，"那本书"は「その本，あの本」，"哪本书"は「どの本」という意味です。

多少　duōshao　疑　いくつ。どれくらい。数を尋ねる。

钱　qián　名　お金。金銭。"多少钱"は「いくら」。

块　kuài　量　元。中国の貨幣の単位。
　【覚えておこう】"元 yuán"は書き言葉で，話し言葉では"块"を用います。"三十块钱"は「30元」という意味ですが，"钱"を省略してもかまいません。

支　zhī　量　ペンなど棒状の物を数える。
　【覚えておこう】"枝 zhī"を用いることもあります。

笔　bǐ　名　ペン。
　【覚えておこう】"这支笔"は「このペン」，"那支笔"は「そのペン，あのペン」，"哪支笔"は「どのペン」という意味です。

毛　máo　量　角。0.10元。中国の貨幣の単位。
　【覚えておこう】"角 jiǎo"は書き言葉で，話し言葉では"毛"を用います。"五毛钱"は「5角＝0.50元」という意味ですが，"钱"を省略してもかまいません。

一千零八十　yìqiān líng bāshí　1080。
一年的学费　yì nián de xuéfèi　1年〔間〕の学費。
八十万日元　bāshí wàn rìyuán　80万円。"日元"は「円，日本円」。

ポイント　　　CD 31　【☐の部分が録音されています】

1.「この…」「その…」「どの…」

☐
| 这本书 | 那本书 | 哪本书 | この本 | その本 | どの本 |
| 这支笔 | 那支笔 | 哪支笔 | このペン | そのペン | どのペン |

普通 "这" "那" "哪" と名詞の間に量詞を入れます。

2. お金の数え方

☐
| 一块〔钱〕 | 两块〔钱〕 | 三块〔钱〕 | … |

「2元」は "两块〔钱〕" と言います。
"块" の 10 分の 1 の単位として "毛" があります。

☐
| 一块五毛〔钱〕 | ← | 1.50元 |

"毛" の 10 分の 1 の単位として "分" があります。

3. "多少"「いくつ，どれくらい」

☐
| 有多少学生? | ← | 何人の学生がいますか? |
| 多少钱? | ← | いくらですか? |

値段を尋ねたり答えたりする文では，"是" を用いません。

4.「100」以上の数

☐
一百	二百	三百	…
一千	两千	三千	…
一万	两万	三万	…

「100」「1000」「10000」は "百" "千" "万" の前に "一" を加えます。

☐
一百零五	←	105
一千零五	←	1005
一千零五十	←	1050

「0」が 2 つ以上あっても，"零" は 1 つしか入れません。

ポイントの語句

分　fēn　量　分。0.01元。中国の貨幣の単位。
　【覚えておこう】書き言葉も話し言葉も同じです。時刻を表す時にも"分"を用います。
一百　yìbǎi　100。
二百　èrbǎi　200。
　【覚えておこう】"两百"と言うこともあります。
两千　liǎngqiān　2000。
一万　yíwàn　1万。
两万　liǎngwàn　2万。

読めますか？　発音チェック

一块　一百　一千　一万

y̲ī kuài　⇒　y̲í kuài

y̲ī bǎi　⇒　y̲ì bǎi

y̲ī qiān　⇒　y̲ì qiān

y̲ī wàn　⇒　y̲í wàn

練習

(→解答と解説は p.163)

1. 日本語の部分を中国語に改めなさい。

A：_____ この本はいくらですか？
B：三十块钱。
A：_____ このペンはいくらですか？
B：两块五毛钱。

A：你们学校有多少学生？
B：_____ 1080 人の学生がいます。
A：一年的学费多少钱？
B：_____ 80 万円です。

2. （ ）内の語句を使って，中国語に訳しなさい。

① この雑誌はいくらですか？（杂志 zázhì）

② 1ヶ月の給料はいくらですか？（一个月 yí ge yuè，工资 gōngzī）

③ 中国にはどれだけの人口がいますか？（人口 rénkǒu）

④ 私たちの学校には 105 人の外国人留学生がいます。

（外国留学生 wàiguó liúxuéshēng）

⑤ 合計で 1050 元です。（一共 yígòng）

ヒント ①②⑤ "是" は不要。③④ "有" を忘れずに。

確認　　　　　　　　　　　　　（→解答と解説は p.164）

1. ピンインと意味を見て，（　）内に語句を入れなさい。

① （　　　　　）zhè běn shū　　この本
② （　　　　　）nà zhī bǐ　　そのペン
③ （　　　　　）qián　　お金
④ （　　　　　）kuài　　元，中国の貨幣の単位
⑤ （　　　　　）máo　　角，中国の貨幣の単位
⑥ （　　　　　）duōshao　　いくつ，どれくらい
⑦ （　　　　　）rìyuán　　円，日本円
⑧ （　　　　　）yìbǎi　　100
⑨ （　　　　　）èrbǎi　　200
⑩ （　　　　　）liǎngqiān　　2000

2. 中国語に訳しなさい。

① いくらですか？

② 3元です。

③ 2.50元です。

④ 学校には何人の学生がいますか？

⑤ 105人の学生がいます。

第11課　何を食べるのが好きですか？

▶「…が好きです」

A：你　喜欢　吃　什么？
　　Nǐ　xǐhuan　chī　shénme?

B：我　喜欢　吃　面条。
　　Wǒ　xǐhuan　chī　miàntiáo.

A：你　喜欢　喝　什么？
　　Nǐ　xǐhuan　hē　shénme?

B：我　喜欢　喝　乌龙茶。
　　Wǒ　xǐhuan　hē　wūlóngchá.

A：你　想　去　中国　吗？
　　Nǐ　xiǎng　qù　Zhōngguó　ma?

B：我　很　想　去。
　　Wǒ　hěn　xiǎng　qù.

A：你　打算　什么　时候　去？
　　Nǐ　dǎsuan　shénme　shíhou　qù?

B：我　打算　暑假　去。
　　Wǒ　dǎsuan　shǔjià　qù.

【Bを発音しよう】【Aを発音しよう】

A：あなたは何を食べるのが好きですか？
B：私はうどんが好きです。
A：あなたは何を飲むのが好きですか？
B：私はウーロン茶が好きです。

A：あなたは中国に行きたいと思いますか？
B：とても行きたいと思います。
A：あなたはいつ行くつもりですか？
B：夏休みに行くつもりです。

語句

喜欢　xǐhuan　動　好む。好きだ。
【覚えておこう】日本語では「うどんが好きだ」のように言いますが，中国語では"喜欢吃…"「…を食べるのが好きだ」のように言う方が自然です。"欢"は日本の漢字に改めると「歓」。
面条　miàntiáo　名　うどん。めん類。
乌龙茶　wūlóngchá　名　ウーロン茶。
【覚えておこう】"乌龙"は日本の漢字に改めると「烏龍」。「烏」は「鳥」ではなく「カラス」です。

想　xiǎng　動　…したいと思う。…したい。
【覚えておこう】単に「思う，考える」という意味もあります。
打算　dǎsuan　動　…するつもりだ。
【覚えておこう】"dǎsuàn"と"算"の部分を強く発音することもあります。
什么时候　shénme shíhou　いつ。"时候"は「時，時間」。
暑假　shǔjià　名　夏休み。
【覚えておこう】"暑假"のように時を表す言葉は動詞の前に置くと「夏休みに〔…する〕」という意味になります。

ポイント

CD 34　[☑の部分が録音されています]

1. "喜欢…"「…するのが好きだ」

☑　我喜欢吃面条。　←　私はうどんを食べるのが好きです。
　　我喜欢喝绿茶。　←　私は緑茶を飲むのが好きです。

☑　我不喜欢吃面包。　←　私はパンを食べるのが好きではありません。
　　我不喜欢喝牛奶。　←　私は牛乳を飲むのが好きではありません。

2. "想…"「…したいと思う」

☑　我想去中国。　←　私は中国に行きたいと思います。
　　我想吃饺子。　←　私はギョーザを食べたいと思います。

☑　我不想去中国。　←　私は中国に行きたいと思いません。
　　我很想去中国。　←　私は中国にとても行きたいと思います。

3. "打算…"「…するつもりだ」

☑　我打算去中国。　←　私は中国に行くつもりです。
　　我打算买汽车。　←　私は自動車を買うつもりです。

☑　你打算去哪儿?　←　あなたはどこに行くつもりですか?
　　你打算买什么?　←　あなたは何を買うつもりですか?

4.「いつ…する」(3)

☑　你什么时候去?　←　あなたはいつ行きますか?
　　他什么时候来?　←　彼はいつ来ますか?

　"什么时候"は直訳すると「何の時，どんな時」となり，「いつ」という意味です。

ポイントの語句

绿茶　lǜchá　图　緑茶。
面包　miànbāo　图　パン。
牛奶　niúnǎi　图　牛乳。
饺子　jiǎozi　图　ギョーザ。
汽车　qìchē　图　自動車。
　【覚えておこう】「汽車」という意味ではありません。「汽車」は"火车 huǒchē"と言います。

読めますか？　発音チェック

我喜欢…　我打算…　我想…　我很想…

wǒ xǐhuan …　⇒　wó xǐhuan …

wǒ dǎsuan …　⇒　wó dǎsuan …

wǒ xiǎng …　⇒　wó xiǎng …

wǒ hěn xiǎng …　⇒　wǒ | hén xiǎng …

練習

(→解答と解説は p.164)

1. 日本語の部分を中国語に改めなさい。

A：　　　　　　　　　　あなたは何を食べるのが好きですか？
B：我喜欢吃面条。
A：　　　　　　　　　　あなたは何を飲むのが好きですか？
B：我喜欢喝乌龙茶。

A：　　　　　　　　　
　　　　　　　　　　　あなたは中国に行きたいと思いますか？
B：我很想去。
A：　　　　　　　　　　あなたはいつ行くつもりですか？
B：我打算暑假去。

2. （　）内の語句を使って，中国語に訳しなさい。

① 私はテニスをするのが好きです。（打网球 dǎ wǎngqiú）

② 私は映画を見るのが好きではありません。（看电影 kàn diànyǐng）

③ 私は買い物をしたいと思います。（买东西 mǎi dōngxi）

④ 私はインスタントラーメンを食べたいと思いません。
　　　　　　　　　　　　　　　　　　（方便面 fāngbiànmiàn）

⑤ 私は冬休みに旅行に行くつもりです。
　　　　　　　　　　（寒假 hánjià，去旅行 qù lǚxíng）

ヒント　①"打"は球技を「する」。③"东西"は「物，品物」。

68

確認

(→解答と解説は p.165)

1. ピンインと意味を見て，（ ）内に語句を入れなさい。

① （　　　　　） xǐhuan　　好む，好きだ
② （　　　　　） xiǎng　　…したいと思う
③ （　　　　　） dǎsuan　　…するつもりだ
④ （　　　　　） miàntiáo　　うどん，めん類
⑤ （　　　　　） miànbāo　　パン
⑥ （　　　　　） niúnǎi　　牛乳
⑦ （　　　　　） shíhou　　時，時間
⑧ （　　　　　） shǔjià　　夏休み
⑨ （　　　　　） shénme　　何，何の，どんな
⑩ （　　　　　） nǎr　　どこ

2. 中国語に訳しなさい。

① 私はうどんを食べるのが好きです。

② 私はコーヒーを飲むのが好きではありません。

③ 私は中国に行きたいと思います。

④ 彼は日本に来るつもりです。

⑤ 彼はいつ来ますか？

第12課　中国語が話せますか？

▶「…ができます」(1)

CD 35

A：你　会　说　汉语　吗？
　　Nǐ　huì　shuō　Hànyǔ　ma?

B：我　会　说　一点儿。
　　Wǒ　huì　shuō　yìdiǎnr.

A：你　哥哥　会　不　会　说？
　　Nǐ　gēge　huì　bú　huì　shuō?

B：他　不　会　说。
　　Tā　bú　huì　shuō.

A：谁　教　你们　汉语？
　　Shéi　jiāo　nǐmen　Hànyǔ?

B：稻垣　老师　和　王　老师。
　　Dàoyuán　lǎoshī　hé　Wáng　lǎoshī.

A：我　给　你　一　本　参考书。
　　Wǒ　gěi　nǐ　yì　běn　cānkǎoshū.

B：太　谢谢　你　了！
　　Tài　xièxie　nǐ　le!

CD 36　【Bを発音しよう】【Aを発音しよう】

A：あなたは中国語が話せますか？
B：私は少し話せます。
A：お兄さんは話せますか？
B：彼は話せません。

A：誰があなたたちに中国語を教えてくれますか？
B：稲垣先生と王先生です。
A：私はあなたに参考書を1冊あげます。
B：どうもありがとうございます！

語句

会　huì　[助動]　〔技術を身につけて〕…することができる。
说　shuō　[動]　話す。言う。
　【覚えておこう】"讲 jiǎng"にも「話す,言う」という意味があります。"讲"は日本の漢字に改めると「講」。
一点儿　yìdiǎnr　[数量]　少し。ちょっと。
　【覚えておこう】時刻の「1時」は"一点"。
会不会…　huì bú huì…　…できるか。"会…吗"と同義。

教　jiāo　[動]　教える。
　【覚えておこう】"教你"は「あなたに教える」,"教汉语"は「中国語を教える」。"教你汉语"は「あなたに中国語を教える」という意味で,"教"は目的語を2つ取れる動詞です。"教你""教我"を「あなたに教えてあげる」「私に教えてくれる」と訳す場合もあります。
给　gěi　[動]　与える。
　【覚えておこう】"给"も"教"と同様に目的語を2つ取れる動詞です。"给你…""给我…"はそれぞれ「あなたに…をあげる」「私に…をくれる」と訳し分けます。
参考书　cānkǎoshū　[名]　参考書。
太…了　tài…le　たいへん…だ。"太"は「たいへん,あまりにも」という意味の副詞。"了"はきっぱりと言い切る語気を表す助詞。
谢谢你　xièxie nǐ　あなたに感謝する。ありがとう。

読めますか？　発音チェック

一点儿
　"一点儿 yìdiǎnr"はアル化する単語です。"r"の前が"…n"の場合は"n"を脱落させて舌先をそり上げます。
　また,"一会儿 yíhuìr"「しばらく」のように"r"の前が"…i"の場合も"i"を脱落させて舌先をそり上げます。

ポイント

CD 37　【☑の部分が録音されています】

1. "会…"「…することができる」

☑
| 我**会**说汉语。 | ← | 私は中国語が話せます。 |
| 我**会**滑冰。 | ← | 私はスケートができます。 |

　"会"は練習して「できる」ようになった技術について用います。"会"は助動詞で，動詞の前に置きます。

☑
| 我**不会**说英语。 | ← | 私は英語が話せません。 |
| 我**不会**滑雪。 | ← | 私はスキーができません。 |

2. "…一点ル"「少し…」

☑
说一点ル	←	少し話す
吃一点ル	←	少し食べる
喝一点ル	←	少し飲む

3. "教"「〔誰々に何々を〕教える」

☑
教你	←	あなたに教える
教汉语	←	中国語を教える
教你汉语	←	あなたに中国語を教える

　"教"は目的語を2つ取れる動詞です。

4. "给"「〔誰々に何々を〕与える」

☑
| 给你 | ← | あなたにあげる |
| 给我 | ← | 私にくれる |

☑
| 给你礼物 | ← | あなたにプレゼントをあげる |
| 给我礼物 | ← | 私にプレゼントをくれる |

　"给"は目的語を2つ取れる動詞です。

ポイントの語句

滑冰　huábīng　動　スケートをする。
　【覚えておこう】日本の漢字に改めると「滑氷」。"骨"の部分も日本の漢字「骨」と微妙に異なります。
英语　Yīngyǔ　名　英語。
滑雪　huáxuě　動　スキーをする。
礼物　lǐwù　名　プレゼント。

読めますか？　発音チェック

给你　给你礼物　我给你礼物
gěi nǐ　⇒　géi nǐ
gěi nǐ lǐwù　⇒　géi ní lǐwù
wǒ gěi nǐ lǐwù　⇒　wǒ｜géi ní lǐwù

イラストで覚える中国語

椅子　yǐzi　雨伞　yǔsǎn　钥匙　yàoshi
これらを数える時には，量詞"把 bǎ"を用います。共通点は？〔177頁〜の**小辞典兼索引**で調べよう〕

練習

(→解答と解説は p.165)

1. 日本語の部分を中国語に改めなさい。

A：你会说汉语吗？
B：＿＿＿＿＿＿＿＿＿＿＿＿＿　私は少し話せます。
A：你哥哥会不会说？
B：＿＿＿＿＿＿＿＿　彼は話せません。

A：＿＿＿＿＿＿＿＿＿＿＿＿
　　誰があなたたちに中国語を教えてくれますか？
B：稻垣老师和王老师。
A：＿＿＿＿＿＿＿＿＿＿＿＿
　　私はあなたに参考書を1冊あげます。

B：太谢谢你了！

2. （　）内の語句を使って，中国語に訳しなさい。

① 私は水泳ができます。（游泳 yóuyǒng）

② 私は車の運転ができません。（开车 kāichē）

③ 彼女は韓国語が話せます。（韩语 Hánguóyǔ）

④ 稻垣先生は私たちに中国語の文法を教えてくれます。
　　　　　　　　　　　　　　（汉语语法 Hànyǔ yǔfǎ）

⑤ 私はあなたにシャープペンシルを1本あげます。
　　　　　　　　　　　　　　（自动铅笔 zìdòng qiānbǐ）

ヒント ②"开车"は「車を運転する」。⑤「ペン」を数える量詞は？

確認

(→解答と解説は p.165)

1. ピンインと意味を見て，（ ）内に語句を入れなさい。

① (　　　　) huì 　　…することができる
② (　　　　) shuō 　　話す，言う
③ (　　　　) gěi 　　与える
④ (　　　　) xièxie 　　感謝する
⑤ (　　　　) huábīng 　　スケートをする
⑥ (　　　　) nǐmen 　　あなたたち
⑦ (　　　　) lǎoshī 　　先生
⑧ (　　　　) lǐwù 　　プレゼント
⑨ (　　　　) yìdiǎnr 　　少し，ちょっと
⑩ (　　　　) tài 　　たいへん，あまりにも

2. 中国語に訳しなさい。

① 私は中国語が話せます。

② 彼は中国語が話せません。

③ 彼女は少し話せます。

④ 王先生は私に中国語を教えてくれます。

⑤ 私はあなたに本を1冊あげます。

第13課　来ることができますか？

▶「…ができます」（2）

CD 38

A：明天　你　能　来　我　家　吗？
　　Míngtiān nǐ néng lái wǒ jiā ma?

B：明天　我　有　事，不　能　去。
　　Míngtiān wǒ yǒu shì, bù néng qù.

A：那　后天　能　不　能　来？
　　Nà hòutiān néng bù néng lái?

B：后天　能　去。
　　Hòutiān néng qù.

A：你　的　手机　能　发　短信　吗？
　　Nǐ de shǒujī néng fā duǎnxìn ma?

B：能　发。
　　Néng fā.

A：我　可以　给　你　发　短信　吗？
　　Wǒ kěyǐ gěi nǐ fā duǎnxìn ma?

B：当然　可以。
　　Dāngrán kěyǐ.

CD 39　【Bを発音しよう】【Aを発音しよう】

A：明日あなたは我が家に来ることができますか？
B：明日は用事があって，行けません。
A：じゃあ明後日は来ることができますか？
B：明後日なら行けます。

A：あなたの携帯電話はメールが送れますか？
B：送れます。
A：私はあなたにメールを送ってもいいですか？
B：もちろんいいです。

語句

能 néng 助動 〔可能性があって〕…することができる。
　【覚えておこう】「〔技術を身につけて〕…することができる」と言う場合は"会"を用います。"能"は"会"より使用範囲の広い助動詞です。

事 shì 名 事。用事。"有事"は「用事がある」。

那 nà 接 それでは。
　【覚えておこう】"那"の最も重要な意味は「それ，あれ」。

后天 hòutiān 名 明後日。
　【覚えておこう】"后"は日本の漢字に改めると「後」。

能不能… néng bù néng… …できるか。"能…吗"と同義。

发 fā 動 発送する。送る。出す。

短信 duǎnxìn 名 ショートメール。〔携帯電話の〕メール。

可以 kěyǐ 助動 …してもよい。

给 gěi 介 〔誰々〕に。
　【覚えておこう】"给"の最も基本的な意味は「与える」。「与える」という意味の場合は動詞です。

当然 dāngrán 副 当然。もちろん。

読めますか？　発音チェック

我可以给你…
wǒ kěyǐ gěi nǐ …　⇒　wǒ｜kéyǐ｜géi nǐ …

ポイント   CD 40 【☐の部分が録音されています】

1. "能…"「…することができる」

☐
| 我**能**去。 | ← | 私は行けます。 |
| 我**不能**去。 | ← | 私は行けません。 |

　"能"は可能性があって「できる」場合に用います。"能"は助動詞で，動詞の前に置きます。

☐
| 我的手机**能**发短信。 | ← | 私の携帯電話はメールが送れます。 |
| 我的手机**不能**发短信。 | ← | 私の携帯電話はメールが送れません。 |

2. "可以…"「…してもよい」

☐
我**可以**去吗？	←	私は行ってもいいですか？
可以。	←	いいです。
不行。	←	だめです。

　"可以"は助動詞で，動詞の前に置きます。
　"行"は「よい，かまわない」という意味なので，"不行"は「よくない，だめだ」という意味になります。

3. "给…"「〔誰々〕に」

☐
| 给你打电话 | ← | あなたに電話をかける |
| 给你写信 | ← | あなたに手紙を書く |

　「〔誰々〕に」「〔どこどこ〕で」のような意味を表す語を介詞といいます。前置詞と呼ぶこともあります。

☐
给你做饭	←	あなたにご飯を作ってあげる
给你买衣服	←	あなたに服を買ってあげる
给我做饭	←	私にご飯を作ってくれる
给我买衣服	←	私に服を買ってくれる

ポイントの語句

行　xíng　形　よい。かまわない。"不行"は「よくない，だめだ」。
　【覚えておこう】"可以…吗"「…してもいいか」と尋ねられて，「だめだ」と答える場合は"不可以"よりも"不行"が多用されます。
打　dǎ　動　〔電話を〕かける。
　【覚えておこう】"打"の最も基本的な意味は「打つ」。手で打つ球技を「する」という意味にもなります。
电话　diànhuà　名　電話。
写　xiě　動　〔字や文章を〕書く。
信　xìn　名　手紙。
做饭　zuò fàn　ご飯を作る。
　【覚えておこう】"做"には「する」という意味もあります。

読めますか？　発音チェック

给你打　给你写　给你买
gěi nǐ dǎ　⇒　géi ní dǎ
gěi nǐ xiě　⇒　géi ní xiě
gěi nǐ mǎi　⇒　géi ní mǎi

練習 (→解答と解説は p.166)

1. 日本語の部分を中国語に改めなさい。

A：＿＿＿＿＿＿＿＿＿＿＿＿＿＿＿＿＿＿
　　　　　　　　明日あなたは我が家に来ることができますか？
B：明天我有事，不能去。
A：＿＿＿＿＿＿＿＿＿＿＿＿＿＿＿＿＿＿
　　　　　　　　じゃあ明後日は来ることができますか？
B：后天能去。

A：＿＿＿＿＿＿＿＿＿＿＿＿＿＿＿＿＿＿
　　　　　　　　あなたの携帯電話はメールが送れますか？
B：能发。
A：＿＿＿＿＿＿＿＿＿＿＿＿＿＿＿＿＿＿
　　　　　　　　私はあなたにメールを送ってもいいですか？
B：当然可以。

2. （ ）内の語句を使って，中国語に訳しなさい。

① 私は参加できません。（参加 cānjiā）

② 私の携帯電話は写真が撮れます。（照相 zhàoxiàng）

③ あなたはタバコを吸ってもいいです。（抽烟 chōu yān）

④ 私はあなたにEメールを送ります。（电子邮件 diànzǐ yóujiàn）

⑤ 私はあなたにチケットを買ってあげます。（票 piào）

ヒント ②"照相"は「写真を撮る」。③"抽"は「吸う」。

確認

(→解答と解説は p.166)

1. ピンインと意味を見て，( ) 内に語句を入れなさい。

① (　　　　) néng 　　…することができる
② (　　　　) kěyǐ 　　…してもよい
③ (　　　　) gěi 　　〔誰々〕に
④ (　　　　) xìn 　　手紙
⑤ (　　　　) dǎ 　　〔電話を〕かける
⑥ (　　　　) xiě 　　書く
⑦ (　　　　) zuò 　　作る，する
⑧ (　　　　) qù 　　行く
⑨ (　　　　) bù xíng 　　よくない，だめだ
⑩ (　　　　) yǒu shì 　　用事がある

2. 中国語に訳しなさい。

① 私は明日行けます。

② 彼は行けません。

③ あなたは来てもいいです。

④ 私はあなたに電話をかけます。

⑤ 私はあなたに手紙を書きます。

第14課　中国に行ったことがありますか？

▶「…したことがあります」

A：你　去过　中国　吗？
　　Nǐ　qùguo　Zhōngguó　ma?

B：我　去过。
　　Wǒ　qùguo.

A：你　哥哥　去过　吗？
　　Nǐ　gēge　qùguo　ma?

B：他　没　去过。
　　Tā　méi　qùguo.

A：你　哥哥　在　哪儿　工作？
　　Nǐ　gēge　zài　nǎr　gōngzuò?

B：他　在　一　家　公司　工作。
　　Tā　zài　yì　jiā　gōngsī　gōngzuò.

A：公司　离　家　远　吗？
　　Gōngsī　lí　jiā　yuǎn　ma?

B：不　远，很　近。
　　Bù　yuǎn,　hěn　jìn.

【Bを発音しよう】【Aを発音しよう】

A：あなたは中国に行ったことがありますか？
B：私は行ったことがあります。
A：お兄さんは行ったことがありますか？
B：彼は行ったことがありません。

A：あなたのお兄さんはどこで働いていますか？
B：ある会社で働いています。
A：会社は家から遠いですか？
B：遠くありません。とても近いです。

語句

过　guo　助　…したことがある。
没　méi　副　…したことがない。"没有"と言うこともある。
　【覚えておこう】"没有"は後ろに言葉が続く場合は"有"を省略できます。

在　zài　介　〔どこどこ〕で。
　【覚えておこう】"在"の最も基本的な意味は「〔どこどこに〕ある，いる」。「ある，いる」という意味の場合は動詞です。
工作　gōngzuò　動　働く。
　【覚えておこう】"工作"には「仕事」という名詞の意味もあります。
家　jiā　量　商店や会社を数える。
公司　gōngsī　名　会社。
离　lí　介　…から。隔たりを表す。
　【覚えておこう】日本の漢字に改めると「離」。"离…"の後ろに最もよく使われる形容詞は下の"远"と"近"です。
远　yuǎn　形　遠い。
近　jìn　形　近い。

ポイント

CD ㊸ 【☐の部分が録音されています】

1. "動詞＋过"「…したことがある」

☐
去过	←	行ったことがある
来过	←	来たことがある
看过	←	見たことがある
见过	←	会ったことがある

☐
没〔有〕去过	←	行ったことがない
没〔有〕来过	←	来たことがない
没〔有〕看过	←	見たことがない
没〔有〕见过	←	会ったことがない

2. "在…"「〔どこどこ〕で」

☐
你在哪儿工作？	←	あなたはどこで働いていますか？
我在银行工作。	←	私は銀行で働いています。
你在哪儿学习？	←	あなたはどこで学んでいますか？
我在大学学习。	←	私は大学で学んでいます。

3. 「…から」

☐
| 离这儿远 | ← | ここから遠い |
| 离这儿近 | ← | ここから近い |

"离…"は主に距離などの隔たりを表します。"离"は介詞です。

☐
| 从这儿出发 | ← | ここから出発する |
| 从八点开始 | ← | 8時から開始する |

"从…"は出発点や起点を表します。"从这儿"「ここから」は出発点を，"从八点"「8時から」は時間の起点を表しています。"从"は介詞です。

ポイントの語句

见　jiàn　動　会う。面会する。
银行　yínháng　名　銀行。
　【覚えておこう】"银行"の"行"は「店」という意味で，"xíng"ではなく"háng"と発音します。
大学　dàxué　名　大学。
从　cóng　介　…から。出発点や起点を表す。
　【覚えておこう】日本の漢字に改めると「従」。
出发　chūfā　動　出発する。
开始　kāishǐ　動　開始する。始める。始まる。

イラストで覚える中国語

脸 liǎn　头发 tóufa　眼睛 yǎnjing　耳朵 ěrduo
鼻子 bízi　嘴 zuǐ　手 shǒu　脚 jiǎo

練習

(→解答と解説は p.166)

1. 日本語の部分を中国語に改めなさい。

A：你去过中国吗？
B：＿＿＿＿＿＿　私は行ったことがあります。
A：你哥哥去过吗？
B：＿＿＿＿＿＿　彼は行ったことがありません。

A：＿＿＿＿＿＿＿＿＿＿
　　あなたのお兄さんはどこで働いていますか？
B：他在一家公司工作。
A：＿＿＿＿＿＿＿＿　会社は家から遠いですか？
B：不远，很近。

2. （　）内の語句を使って，中国語に訳しなさい。

① 私の両親はアメリカに行ったことがあります。
　　　　　　　　　　　（父母 fùmǔ，美国 Měiguó）

② 私は水ギョーザを食べたことがあります。（水饺 shuǐjiǎo）

③ 私は京劇を見たことがありません。（京剧 jīngjù）

④ 私はここであなたを待ちます。（等 děng）

⑤ バス停は学校からとても近いです。（车站 chēzhàn）

ヒント ④「ここで」は？"等"は「待つ」。⑤"离"を用いる。

確認

(→解答と解説は p.167)

1. ピンインと意味を見て，(　)内に語句を入れなさい。

① (　　　) kàn　　　見る
② (　　　) jiàn　　　会う
③ (　　　) gōngzuò　働く
④ (　　　) xuéxí　　学ぶ
⑤ (　　　) yuǎn　　遠い
⑥ (　　　) hěn jìn　とても近い
⑦ (　　　) zài　　　〔どこどこ〕で
⑧ (　　　) lí　　　…から
⑨ (　　　) cóng　　…から
⑩ (　　　) gōngsī　会社

2. 中国語に訳しなさい。

① 私は中国に行ったことがあります。

② 彼女は中国に行ったことがありません。

③ あなたはどこで働いていますか？

④ あなたはどこで学んでいますか？

⑤ 会社は家から遠くありません。

第15課　来ましたか？

▶「…しました」

A：王　老师　来　了　吗？
　　Wáng lǎoshī lái le ma?

B：他　已经　来　了。
　　Tā yǐjīng lái le.

A：稻垣　老师　来　了　吗？
　　Dàoyuán lǎoshī lái le ma?

B：她　还　没　来。
　　Tā hái méi lái.

A：你　吃　午饭　了　吗？
　　Nǐ chī wǔfàn le ma?

B：吃　了。
　　Chī le.

A：你　吃了　什么？
　　Nǐ chīle shénme?

B：我　吃了　一　碗　拉面。
　　Wǒ chīle yì wǎn lāmiàn.

【Bを発音しよう】【Aを発音しよう】

A：王先生は来ましたか？
B：彼はもう来ています。
A：稲垣先生は来ましたか？
B：彼女はまだ来ていません。

A：あなたは昼ご飯を食べましたか？
B：食べました。
A：あなたは何を食べましたか？
B：ラーメンを1杯食べました。

語句

了　le　助　…した。…している。
　【覚えておこう】"了"には「…になった」という意味や，きっぱりと言い切る語気を表す用法もあります。
已经　yǐjīng　副　すでに。もう。
　【覚えておこう】"巳 yǐ""己 jǐ""巳 sì"はすべて異なる字です。
还　hái　副　まだ。依然として。
　【覚えておこう】日本の漢字に改めると「還」。
没　méi　副　…しなかった。…していない。"没有"と言うこともある。
　【覚えておこう】"没有"は後ろに言葉が続く場合は"有"を省略できます。

午饭　wǔfàn　名　昼食。
碗　wǎn　名　碗。碗に入れた食べ物を数える。
　【覚えておこう】"一碗饭""一碗面条"は「1杯のご飯」「1杯のうどん」という意味で，食べ物を容器の碗で数える表現です。
拉面　lāmiàn　名　ラーメン。

ポイント

CD 46　[☐の部分が録音されています]

1. "…了"「…した」「…している」

☐
| 昨天来了 | ← | 昨日来た |
| 已经来了 | ← | すでに来た，すでに来ている |

☐
| 昨天没〔有〕来 | ← | 昨日来なかった |
| 还没〔有〕来 | ← | まだ来ていない |

中国語では「来た」も「来ている」も"来了"です。
「来なかった」も「〔まだ〕来ていない」も"没〔有〕来"です。否定では"了"がなくなります。

☐
| 结婚了 | ← | 結婚した，〔すでに〕結婚している |
| 没〔有〕结婚 | ← | 結婚しなかった，〔まだ〕結婚していない |

☐
| 不来 | ← | 来ない |
| 不结婚 | ← | 結婚しない |

"不…"は「…しない」という意味です。

2. "動詞＋了＋目的語"「何々を…した」

☐
你吃了什么？	←	あなたは何を食べましたか？
我吃了一碗炒饭。	←	私はチャーハンを1杯食べました。
你喝了什么？	←	あなたは何を飲みましたか？
我喝了一杯红茶。	←	私は紅茶を1杯飲みました。
你买了什么？	←	あなたは何を買いましたか？
我买了一双鞋。	←	私は靴を1足買いました。

単に「ご飯を食べたか」「食べた」などと言う場合は上の1の"…了"を用いますが，具体的に「何を食べたか」「チャーハンを食べた」などと言う場合は，"動詞＋了＋目的語"の形を用います。

ポイントの語句

结婚　jiéhūn　　動　結婚する。

炒饭　chǎofàn　　名　チャーハン。

杯　bēi　　名　コップ。コップに入れた飲み物を数える。

　【覚えておこう】"一杯茶""一杯酒"は「1杯のお茶」「1杯の酒」という意味で，飲み物を容器のコップ・カップやグラスで数える表現です。

红茶　hóngchá　　名　紅茶。

双　shuāng　　量　左右で対(つい)になった物を数える。

鞋　xié　　名　靴。

読めますか？　発音チェック

一碗　一杯　一双

yī wǎn　⇒　yì wǎn

yī bēi　⇒　yì bēi

yī shuāng　⇒　yì shuāng

練習　　　　　　　　　　　　（→解答と解説はp.167）

1. 日本語の部分を中国語に改めなさい。

A：王老师来了吗？
B：_____　彼はもう来ています。
A：稻垣老师来了吗？
B：_____　彼女はまだ来ていません。

A：_____　あなたは昼ご飯を食べましたか？
B：吃了。
A：_____　あなたは何を食べましたか？
B：我吃了一碗拉面。

2. （　）内の語句を使って，中国語に訳しなさい。

① 私はもうご飯を食べました。（吃饭 chīfàn）

② 私は朝ご飯を食べません。（早饭 zǎofàn）

③ 私はまだ晩ご飯を食べていません。（晚饭 wǎnfàn）

④ 私はジャスミン茶を1杯飲みました。（茉莉花茶 mòlìhuāchá）

⑤ 私はスニーカーを1足買いました。（旅游鞋 lǚyóuxié）

ヒント ①"吃饭"は「食事をする」。②「…しない」は？③「まだ…していない」は？

確認

(→解答と解説は p.167)

1. ピンインと意味を見て，（ ）内に語句を入れなさい。

① （　　　　） yǐjīng　　　　すでに，もう
② （　　　　） hái　　　　　まだ，依然として
③ （　　　　） wǔfàn　　　　昼食
④ （　　　　） lāmiàn　　　　ラーメン
⑤ （　　　　） chī　　　　　食べる
⑥ （　　　　） hē　　　　　飲む
⑦ （　　　　） mǎi　　　　　買う
⑧ （　　　　） yì wǎn fàn　　1杯のご飯
⑨ （　　　　） yì bēi chá　　1杯のお茶
⑩ （　　　　） yì shuāng xié　1足の靴

2. 中国語に訳しなさい。

① 彼はもう来ました。

② 彼女はまだ来ていません。

③ 私は結婚しています。

④ 私は結婚していません。

⑤ 私は本を1冊買いました。

発展編

　「本文」では，浜崎夏美さんが自己紹介したり，自分の生活や将来の夢について語ります。

第一课　　自我介绍
　　　　　　　…自己紹介
第二课　　我的家
　　　　　　　…我が家
第三课　　我们学校
　　　　　　　…私たちの学校
第四课　　从家到学校
　　　　　　　…家から学校まで
第五课　　我的星期一
　　　　　　　…私の月曜日
第六课　　我的一周
　　　　　　　…私の１週間
第七课　　爱好
　　　　　　　…趣味
第八课　　喜欢的食物
　　　　　　　…好きな食べ物
第九课　　记日记
　　　　　　　…日記をつける
第十课　　将来的梦想
　　　　　　　…将来の夢

発展編の構成

全10課。どの課も「本文」「語句」「練習（1）」「練習（2）」「確認」の6頁で構成されています。「語句」は2頁あります。

```
ＣＤの説明
♪ 本文…聞き取りやすいスピードで録音されています。
♪ 語句…☐の部分が録音されています。
```

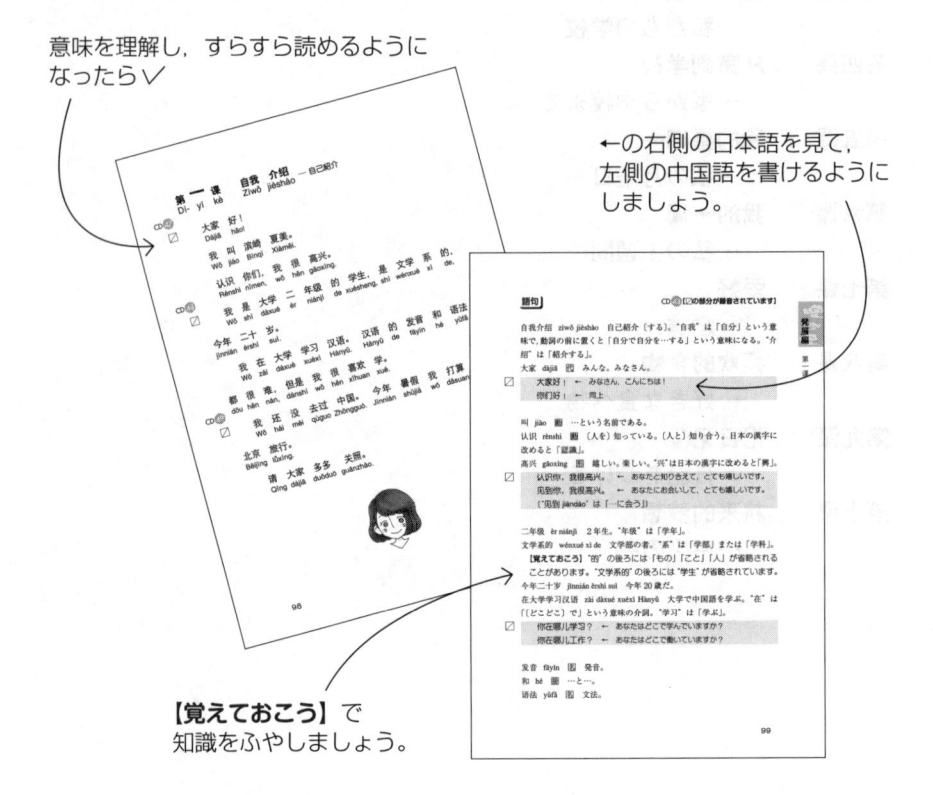

意味を理解し，すらすら読めるようになったら✓

←の右側の日本語を見て，左側の中国語を書けるようにしましょう。

【覚えておこう】で知識をふやしましょう。

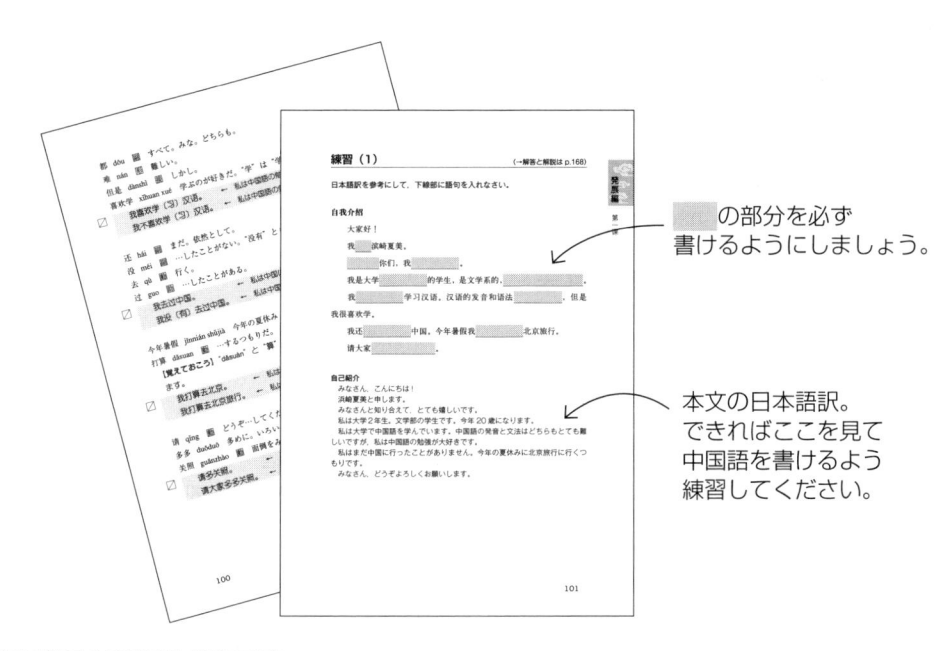

練習 (1)   (→解答と解説は p.168)

日本語訳を参考にして、下線部に語句を入れなさい。

自我介绍

大家好！
我＿＿＿＿＿浜崎夏美。
＿＿＿＿＿你们，我＿＿＿＿＿。
我是大学＿＿＿＿＿的学生，是文学系的，＿＿＿＿＿。
我＿＿＿＿＿学习汉语，汉语的发音和语法＿＿＿＿＿，但是
我很喜欢学。
我还＿＿＿＿＿中国，今年暑假我＿＿＿＿＿北京旅行。
请大家＿＿＿＿＿。

自己紹介

みなさん、こんにちは！
浜崎夏美と申します。
みなさんと知り合えて、とても嬉しいです。
私は大学2年生、文学部の学生です。今年20歳になります。
私は大学で中国語を学んでいます。中国語の発音と文法はどちらもとても難しいですが、私は中国語の勉強が大好きです。
私はまだ中国に行ったことがありません。今年の夏休みに北京旅行に行くつもりです。
みなさん、どうぞよろしくお願いします。

練習 (2)   (→解答と解説は p.168)

1. ピンインと意味を見て、（ ）内に語句を入れなさい。

① (　　) dàjiā　　みんな
② (　　) niánjí　　学年
③ (　　) xì　　　　学部
④ (　　) Hànyǔ　　
⑤ (　　) yǔfǎ　　　文法
⑥ (　　) shǔjià　　夏休み
⑦ (　　) jièshào　　
⑧ (　　) rènshi　　
⑨ (　　) nán　　　
⑩ (　　) gāoxìng　　

2. （ ）内の語句を使って、

① 私は中国語学科の学生
② あなたにお会いして
③ 彼は大学で経済を
④ 彼女は台湾に行っ
⑤ 私は中国留学に

ヒント ① "中文" は

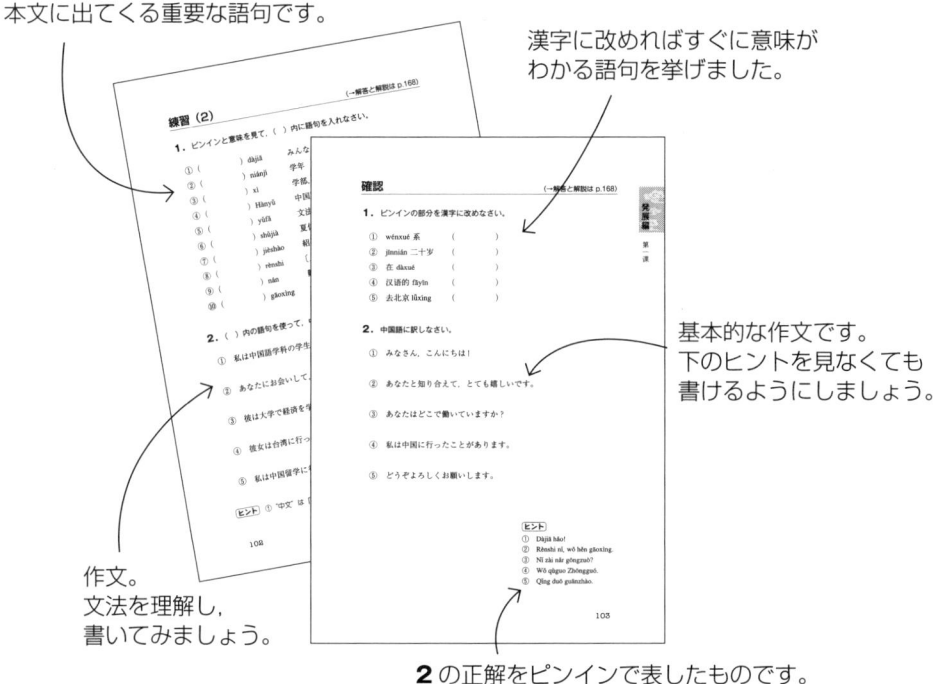

確認   (→解答と解説は p.168)

1. ピンインの部分を漢字に改めなさい。

① wénxué 系 (　　　)
② jīnnián 二十岁 (　　　)
③ 在 dàxué (　　　)
④ 汉语的 fāyīn (　　　)
⑤ 去北京 lǚxíng (　　　)

2. 中国語に訳しなさい。

① みなさん、こんにちは！

② あなたと知り合えて、とても嬉しいです。

③ あなたはどこで働いていますか？

④ 私は中国に行ったことがあります。

⑤ どうぞよろしくお願いします。

ヒント
① Dàjiā hǎo!
② Rènshi nǐ, wǒ hěn gāoxìng.
③ Nǐ zài nǎr gōngzuò?
④ Wǒ qùguo Zhōngguó.
⑤ Qǐng duō guānzhào.

第一课　自我介绍 …… 自己紹介
Dì- yī kè　　Zìwǒ jièshào

大家　好！
Dàjiā　hǎo!

我　叫　滨崎　夏美。
Wǒ jiào Bīnqí Xiàměi.

认识　你们，我　很　高兴。
Rènshi nǐmen, wǒ hěn gāoxìng.

我　是　大学　二　年级　的　学生，是　文学　系　的，
Wǒ shì dàxué èr niánjí de xuésheng, shì wénxué xì de,

今年　二十　岁。
jīnnián èrshí suì.

我　在　大学　学习　汉语。汉语　的　发音　和　语法
Wǒ zài dàxué xuéxí Hànyǔ. Hànyǔ de fāyīn hé yǔfǎ

都　很　难，但是　我　很　喜欢　学。
dōu hěn nán, dànshì wǒ hěn xǐhuan xué.

我　还　没　去过　中国。今年　暑假　我　打算　去
Wǒ hái méi qùguo Zhōngguó. Jīnnián shǔjià wǒ dǎsuan qù

北京　旅行。
Běijīng lǚxíng.

请　大家　多多　关照。
Qǐng dàjiā duōduō guānzhào.

語句

CD 50 【☐の部分が録音されています】

自我介绍　zìwǒ jièshào　自己紹介〔する〕。"自我"は「自分」という意味で、動詞の前に置くと「自分で自分を…する」という意味になる。"介绍"は「紹介する」。

大家　dàjiā　代　みんな。みなさん。

☐　大家好！　←　みなさん，こんにちは！
　　你们好！　←　同上

叫　jiào　動　…という名前である。

认识　rènshi　動　〔人を〕知っている。〔人と〕知り合う。日本の漢字に改めると「認識」。

高兴　gāoxìng　形　嬉しい。楽しい。"兴"は日本の漢字に改めると「興」。

☐　认识你，我很高兴。　←　あなたと知り合えて，とても嬉しいです。
　　见到你，我很高兴。　←　あなたにお会いして，とても嬉しいです。
　　〔"见到 jiàndào" は「…に会う」〕

二年级　èr niánjí　2年生。"年级"は「学年」。

文学系的　wénxué xì de　文学部の者。"系"は「学部」または「学科」。

【覚えておこう】"的"の後ろには「もの」「こと」「人」が省略されることがあります。"文学系的"の後ろには"学生"が省略されています。

今年二十岁　jīnnián èrshí suì　今年20歳だ。

在大学学习汉语　zài dàxué xuéxí Hànyǔ　大学で中国語を学ぶ。"在"は「〔どこどこ〕で」という意味の介詞。"学习"は「学ぶ」。

☐　你在哪儿学习？　←　あなたはどこで学んでいますか？
　　你在哪儿工作？　←　あなたはどこで働いていますか？

发音　fāyīn　名　発音。
和　hé　接　…と…。
语法　yǔfǎ　名　文法。

都 dōu 副 すべて。みな。どちらも。

难 nán 形 難しい。

但是 dànshì 接 しかし。

喜欢学 xǐhuan xué 学ぶのが好きだ。"学"は"学习"と同義。

> 我喜欢学〔习〕汉语。　← 私は中国語の勉強が好きです。
> 我不喜欢学〔习〕汉语。　← 私は中国語の勉強が嫌いです。

还 hái 副 まだ。依然として。

没 méi 副 …したことがない。"没有"とも言う。

去 qù 動 行く。

过 guo 助 …したことがある。

> 我去过中国。　　　　　← 私は中国に行ったことがあります。
> 我没〔有〕去过中国。　← 私は中国に行ったことがありません。

今年暑假 jīnnián shǔjià 今年の夏休み〔に〕。

打算 dǎsuan 動 …するつもりだ。

　【覚えておこう】"dǎsuàn"と"算"の部分を強く発音することもあります。

> 我打算去北京。　　　← 私は北京に行くつもりです。
> 我打算去北京旅行。　← 私は北京旅行に行くつもりです。

请 qǐng 動 どうぞ…してください。

多多 duōduō 多めに。いろいろ。"多"の強意形。

关照 guānzhào 動 面倒をみる。

> 请多关照。　　　　← どうぞよろしくお願いします。
> 请大家多多关照。　← みなさん, どうぞよろしくお願いします。

練習（1） (→解答と解説は p.168)

日本語訳を参考にして，下線部に語句を入れなさい。

自我介绍

　　大家好！

　　我＿＿滨崎夏美。

　　＿＿＿＿＿你们，我＿＿＿＿＿＿。

　　我是大学＿＿＿＿＿＿的学生，是文学系的，＿＿＿＿＿＿＿＿＿＿＿。

　　我＿＿＿＿＿＿学习汉语。汉语的发音和语法＿＿＿＿＿＿，但是我很喜欢学。

　　我还＿＿＿＿＿＿中国。今年暑假我＿＿＿＿＿＿北京旅行。

　　请大家＿＿＿＿＿＿＿＿。

自己紹介
　みなさん，こんにちは！
　浜崎夏美と申します。
　みなさんと知り合えて，とても嬉しいです。
　私は大学2年生。文学部の学生です。今年20歳になります。
　私は大学で中国語を学んでいます。中国語の発音と文法はどちらもとても難しいですが，私は中国語の勉強が大好きです。
　私はまだ中国に行ったことがありません。今年の夏休みに北京旅行に行くつもりです。
　みなさん，どうぞよろしくお願いします。

練習（2）　　　　　　　　　　　　（→解答と解説は p.168）

1. ピンインと意味を見て，（　）内に語句を入れなさい。

① (　　　　) dàjiā　　みんな，みなさん
② (　　　　) niánjí　　学年
③ (　　　　) xì　　　 学部，学科
④ (　　　　) Hànyǔ　 中国語
⑤ (　　　　) yǔfǎ　　 文法
⑥ (　　　　) shǔjià　 夏休み
⑦ (　　　　) jièshào　紹介する
⑧ (　　　　) rènshi　 〔人を〕知っている
⑨ (　　　　) nán　　 難しい
⑩ (　　　　) gāoxìng　嬉しい

2. （　）内の語句を使って，中国語に訳しなさい。

① 私は中国語学科の学生です。（中文 Zhōngwén）

② あなたにお会いして，私はとても嬉しいです。（见到 jiàndào）

③ 彼は大学で経済を学んでいます。（经济 jīngjì）

④ 彼女は台湾に行ったことがありません。（台湾 Táiwān）

⑤ 私は中国留学に行くつもりです。（留学 liúxué）

ヒント ① "中文" は「中国語」。④ 「…したことがない」は？

確認 （→解答と解説は p.168）

1. ピンインの部分を漢字に改めなさい。

① wénxué 系　　（　　　）
② jīnnián 二十岁　（　　　）
③ 在 dàxué　　　（　　　）
④ 汉语的 fāyīn　　（　　　）
⑤ 去北京 lǚxíng　 （　　　）

2. 中国語に訳しなさい。

① みなさん，こんにちは！

② あなたと知り合えて，とても嬉しいです。

③ あなたはどこで働いていますか？

④ 私は中国に行ったことがあります。

⑤ どうぞよろしくお願いします。

発展編　第一課

ヒント
① Dàjiā hǎo!
② Rènshi nǐ, wǒ hěn gāoxìng.
③ Nǐ zài nǎr gōngzuò?
④ Wǒ qùguo Zhōngguó.
⑤ Qǐng duō guānzhào.

第二课 我的家
Dì- èr kè　Wǒ de jiā　……我が家

我　家　在　东京。
Wǒ jiā zài Dōngjīng.

家　里　有　四　口　人，爸爸、妈妈、哥哥　和　我。
Jiā li yǒu sì kǒu rén, bàba, māma, gēge hé wǒ.

爸爸　五十　岁，是　高中　老师。他　教　英语。
Bàba wǔshí suì, shì gāozhōng lǎoshī. Tā jiāo Yīngyǔ.

妈妈　四十八　岁，是　家庭　主妇。她　也　会　说
Māma sìshíbā suì, shì jiātíng zhǔfù. Tā yě huì shuō

英语。
Yīngyǔ.

我　父母　经常　参加　志愿者　活动，比如　清扫
Wǒ fùmǔ jīngcháng cānjiā zhìyuànzhě huódòng, bǐrú qīngsǎo

街道　等等。
jiēdào děngděng.

哥哥　二十五　岁，是　公司　职员，还　没　结婚。
Gēge èrshíwǔ suì, shì gōngsī zhíyuán, hái méi jiéhūn.

他　很　擅长　电脑，经常　上网、发　电子　邮件
Tā hěn shàncháng diànnǎo, jīngcháng shàngwǎng、fā diànzǐ yóujiàn

等等。
děngděng.

我们　全家　都　很　健康，很　和睦。
Wǒmen quánjiā dōu hěn jiànkāng, hěn hémù.

語句

CD 54 【☐の部分が録音されています】

発展編 第二課

☐ 在 zài 動 〔どこどこに〕ある。〔どこどこに〕いる。介〔どこどこ〕で。
　　我家在东京。　　← 私の家は東京にあります。〔"在"は動詞〕
　　我在这儿。　　　← 私はここにいます。〔"在"は動詞〕
　　我在这儿工作。　← 私はここで働いています。〔"在"は介詞〕

家里 jiā li 家の中〔に〕。

有 yǒu 動 持っている。…がある。…がいる。
☐　我有手机。　　　　← 私は携帯電話を持っています。
　　我有一个姐姐。　　← 私には姉が1人います。
　　桌子上有一台电脑。← 机の上にパソコンが1台あります。
　　你家〔里〕有几口人？← あなたの家は何人家族ですか？

四口人 sì kǒu rén 4人家族。"口"は家族の人数を数える量詞。
高中老师 gāozhōng lǎoshī 高校の先生。

【覚えておこう】"高中"は"高级中学 gāojí zhōngxué"を縮めた言い方で，日本の高校に相当します。「中学」は"初中 chūzhōng"と言います。これは"初级中学"を縮めた言い方です。

教 jiāo 動 教える。
☐　他教英语。　　← 彼は英語を教えます。
　　他教我英语。　← 彼は私に英語を教えてくれます。

家庭主妇 jiātíng zhǔfù 〔家庭の〕主婦。
也 yě 副 …も。
会 huì 助動 〔技術を身につけて〕…することができる。
说 shuō 動 話す。言う。＝"讲"
☐　我会说汉语。　　← 私は中国語が話せます。
　　她不会说汉语。　← 彼女は中国語が話せません。

经常　jīngcháng　副　よく。しばしば。しょっちゅう。
参加　cānjiā　動　参加する。
志愿者活动　zhìyuànzhě huódòng　ボランティア活動。"志愿者"は日本の漢字に改めると「志願者」。
比如…　bǐrú…　例えば…。
清扫街道　qīngsǎo jiēdào　街を清掃する。
等等　děngděng　助　…など。単に"等"とも言う。
公司职员　gōngsī zhíyuán　会社員。"公司"は「会社」。"职员"は日本の漢字に改めると「職員」。
还没结婚　hái méi jiéhūn　まだ結婚していない。

【覚えておこう】"…了"の否定は"没〔有〕…"です。否定では"了"がなくなります。

| 我结婚了。 ← 私は結婚しています。
| 我没〔有〕结婚。 ← 私は結婚していません。

擅长　shàncháng　動　…が得意だ。
上网　shàngwǎng　動　インターネットにアクセスする。

【覚えておこう】"网"は日本の漢字に改めると「網」。"网"は「〔インター〕ネット」という意味で使います。

发　fā　動　発送する。送る。出す。
电子邮件　diànzǐ yóujiàn　電子メール。Eメール。"邮"は日本の漢字に改めると「郵」。

【覚えておこう】「Eメール」は"伊妹儿 yīmèir"とも言いますが，これは音訳語です。

全家　quánjiā　名　家族全員。
健康　jiànkāng　形　健康だ。
和睦　hémù　形　仲むつまじい。仲が良い。

練習（1）

（→解答と解説は p.168）

日本語訳を参考にして，下線部に語句を入れなさい。

我的家

　　我家＿＿＿＿＿＿。

　　家里＿＿＿＿＿＿＿，爸爸、妈妈、哥哥＿＿我。

　　爸爸五十岁，是＿＿＿＿＿＿＿＿。他教英语。

　　妈妈四十八岁，是家庭主妇。她＿＿＿＿＿＿英语。

　　我父母经常参加志愿者活动，＿＿＿＿清扫街道等等。

　　哥哥二十五岁，是＿＿＿＿职员，＿＿＿＿＿＿＿＿。他很擅长电脑，经常＿＿＿＿＿、＿＿电子邮件等等。

　　我们全家都很健康，很和睦。

我が家

　我が家は東京にあります。
　父，母，兄と私の４人家族です。
　父は50歳，高校の先生です。英語を教えています。
　母は48歳，主婦です。母も英語が話せます。
　私の両親はよくボランティア活動に参加し，例えば街の清掃などを行っています。
　兄は25歳，会社員です。まだ結婚していません。パソコンが得意で，よくインターネットをしたり，メールを送ったりしています。
　家族みんな健康で，仲良しです。

練習（2）　　　　　　　　　　（→解答と解説は p.169）

1. ピンインと意味を見て，（　）内に語句を入れなさい。

① （　　　　）bàba　　父
② （　　　　）māma　　母
③ （　　　　）gēge　　兄
④ （　　　　）jiějie　　姉
⑤ （　　　　）gāozhōng　高校
⑥ （　　　　）gōngsī　会社
⑦ （　　　　）shuō　　話す，言う
⑧ （　　　　）jīngcháng　よく，しばしば，しょっちゅう
⑨ （　　　　）bǐrú　　例えば
⑩ （　　　　）děngděng　…など

2. （　）内の語句を使って，中国語に訳しなさい。

① 私の父は数学の先生です。（数学 shùxué）

② 私の兄はパソコンが使えます。（用 yòng）

③ 私の母はよく買い物に行きます。（买东西 mǎi dōngxi）

④ 私の姉はもう結婚しています。（已经…了 yǐjīng…le）

⑤ 私はまだ宿題をしていません。（做作业 zuò zuòyè）

ヒント　③「…しに行く」は"去…"。⑤「まだ」は？

確認

(→解答と解説は p.169)

1. ピンインの部分を漢字に改めなさい。

① jiātíng 主妇　　（　　　）
② 我 fùmǔ　　　（　　　）
③ 参加 huódòng　（　　　）
④ 公司 zhíyuán　（　　　）
⑤ 很 jiànkāng　　（　　　）

2. 中国語に訳しなさい。

① 私はここにいます。

② 私は携帯電話を持っています。

③ 彼は私に英語を教えてくれます。

④ 彼女は中国語が話せません。

⑤ 私は結婚していません。

ヒント
① Wǒ zài zhèr.
② Wǒ yǒu shǒujī.
③ Tā jiāo wǒ Yīngyǔ.
④ Tā bú huì shuō Hànyǔ.
⑤ Wǒ méi jiéhūn.

第三课 我们学校 ……私たちの学校
Dì- sān kè　Wǒmen xuéxiào

我们　学校　在　市　中心，交通　非常　方便。
Wǒmen xuéxiào zài shì zhōngxīn, jiāotōng fēicháng fāngbiàn.

学校　有　两　个　系，文学　系　和　经济　系。
Xuéxiào yǒu liǎng ge xì, wénxué xì hé jīngjì xì.

文学　系　四百　八十　名，经济　系　六百　名，一共
Wénxué xì sìbǎi bāshí míng, jīngjì xì liùbǎi míng, yígòng

有　一千　零　八十　名　学生。
yǒu yìqiān líng bāshí míng xuésheng.

其中　有　一百　名　左右　的　外国　留学生。
Qízhōng yǒu yìbǎi míng zuǒyòu de wàiguó liúxuéshēng.

留学生　中　最　多　的　是　中国　的，其次　是
Liúxuéshēng zhōng zuì duō de shì Zhōngguó de, qícì shì

韩国　的。也　有　欧美　的　留学生，但是　很　少。
Hánguó de. Yě yǒu Ōu-Měi de liúxuéshēng, dànshì hěn shǎo.

学校　里　有　图书馆、体育馆、国际　交流　中心
Xuéxiào li yǒu túshūguǎn、tǐyùguǎn、guójì jiāoliú zhōngxīn

等。
děng.

校园　里　有　很　大　的　运动场　和　网球场，
Xiàoyuán li yǒu hěn dà de yùndòngchǎng hé wǎngqiúchǎng,

没有　游泳池。
méiyǒu yóuyǒngchí.

食堂　的　饭菜　又　便宜　又　好吃。我　常　吃
Shítáng de fàncài yòu piányi yòu hǎochī. Wǒ cháng chī

意大利面　和　咖喱饭。
Yìdàlìmiàn hé gālífàn.

語句

CD 58 【☐の部分が録音されています】

市中心　shì zhōngxīn　市の中心部。
非常方便　fēicháng fāngbiàn　非常に便利だ。"方便"は「便利だ」。
两个系　liǎng ge xì　2つの学部。
　【覚えておこう】"个"は物のほか，人も数えます。日本の漢字に改めると「個」。

☐　　学校有两个系。　←　学校には2つの学部があります。
　　　我有两个孩子。　←　私には2人の子どもがいます。
　　　〔"孩子 háizi"は「子ども」〕

一共　yígòng　副　全部で。合計で。
一千零八十　yìqiān líng bāshí　1080。

☐　　一百零八　　←　108
　　　一千零八　　←　1008
　　　一千零八十　←　1080

其中　qízhōng　名　その中〔に〕。
左右　zuǒyòu　名　…ぐらい。
…中　…zhōng　…の中〔で〕。
最多的　zuì duō de　一番多い者。
　【覚えておこう】"的"の後ろには「もの」「こと」「人」が省略されることがあります。"中国的""韩国的"はどちらも"的"の後ろに"留学生"が省略されています。

其次　qícì　代　その次。
欧美　Ōu-Měi　名　欧米。「アメリカ」は"美国"。
很少　hěn shǎo　とても少ない。
图书馆、体育馆　túshūguǎn、tǐyùguǎn　図書館，体育館。
国际交流中心　guójì jiāoliú zhōngxīn　国際交流センター。
等　děng　助　…など。"等等"と言うこともある。

発展編　第三課

111

【覚えておこう】"等"には「待つ」という動詞の意味もあります。

校园　xiàoyuán　名　キャンパス。校庭。

很大的…　hěn dà de…　とても大きな…。

运动场　yùndòngchǎng　名　運動場。グラウンド。"操场 cāochǎng"とも言う。

网球场　wǎngqiúchǎng　名　テニスコート。"网球"は「テニス」。

没有　méiyǒu　動　持っていない。…がない。…がいない。単に"没"と言うこともある。

游泳池　yóuyǒngchí　名　水泳プール。"游泳"は「水泳〔をする〕」。

食堂的饭菜　shítáng de fàncài　食堂のご飯とおかず。食堂のメニュー。

又…又～　yòu…yòu～　…であり，また～だ。…のうえに～だ。

又便宜又好吃　←　安くておいしい
又漂亮又聪明　←　きれいで賢い
〔"漂亮 piàoliang""聪明 cōngming"は「きれいだ」「賢い」〕

便宜　piányi　形　〔値段が〕安い。

【覚えておこう】「安い」という意味の場合は"便"の字を"pián"と発音します。"便"の字は"方便""便利 biànlì"「便利だ」などほとんどの場合"biàn"と発音します。

好吃　hǎochī　形　〔食べ物が〕おいしい。

【覚えておこう】「〔飲み物が〕おいしい」は"好喝 hǎohē"。

常　cháng　副　よく。しばしば。しょっちゅう。"经常"とほぼ同義。

吃　chī　動　食べる。

意大利面　Yìdàlìmiàn　名　スパゲッティ。"意大利"は「イタリア」。

咖喱饭　gālífàn　名　カレーライス。

【覚えておこう】"咖喱"は英語の"curry"の音訳語です。"咖"の字を"gā"と発音します。"咖啡"「コーヒー」では"kā"と発音します。

練習（1）

(→解答と解説は p.169)

日本語訳を参考にして，下線部に語句を入れなさい。

我们学校

　　我们学校＿＿＿＿＿＿＿＿＿，交通＿＿＿＿＿＿＿＿＿。

　　学校＿＿＿＿＿＿＿＿＿，文学系和经济系。

　　文学系四百八十名，经济系六百名，一共有＿＿＿＿＿＿＿＿＿八十名学生。

　　其中有＿＿＿＿名＿＿＿＿＿的外国留学生。

　　留学生中＿＿＿＿＿＿＿是中国的，其次是韩国的。也有欧美的留学生，但是很少。

　　学校里有图书馆、体育馆、国际交流＿＿＿＿＿＿等。

　　校园里有很大的运动场和网球场，＿＿＿＿＿＿游泳池。

　　食堂的饭菜又便宜＿＿＿＿＿＿。我常吃意大利面和咖喱饭。

私たちの学校

　私たちの学校は市の中心部にあり，交通は非常に便利です。
　学校には文学部と経済学部の2つの学部があります。
　文学部には480名，経済学部には600名，合計1080名の学生がいます。
　その中に約100名の外国人留学生がいます。
　留学生で一番多いのは中国人，その次は韓国人です。欧米の留学生もいますが，しかし人数は多くありません。
　学校には図書館，体育館，国際交流センターなどがあります。
　校庭には広いグラウンドとテニスコートがあります。プールはありません。
　食堂のメニューは安くておいしいです。私はよくスパゲッティとカレーライスを食べます。

発展編　第三課

練習（2）　　　　　　　　　　　　　（→解答と解説は p.169）

1. ピンインと意味を見て，（　）内に語句を入れなさい。

① (　　　) fāngbiàn　　　便利だ
② (　　　) piányi　　　　〔値段が〕安い
③ (　　　) hǎochī　　　　おいしい
④ (　　　) zhōngxīn　　　センター
⑤ (　　　) xiàoyuán　　　キャンパス
⑥ (　　　) yùndòngchǎng　グラウンド
⑦ (　　　) yóuyǒngchí　　プール
⑧ (　　　) fàncài　　　　ご飯とおかず
⑨ (　　　) yígòng　　　　全部で，合計で
⑩ (　　　) zuǒyòu　　　　…ぐらい

2. （　）内の語句を使って，中国語に訳しなさい。

① 国際交流センターは図書館の横にあります。（旁边 pángbiān）

② 学校の中にコンビニが1軒あります。
　　　　　　　　　　　　（一家便利店 yì jiā biànlìdiàn）

③ 交通はあまり便利ではありません。（不太 bú tài）

④ 日本のうどんはとてもおいしいです。（面条 miàntiáo）

⑤ 彼女はきれいで賢いです。（漂亮 piàoliang，聪明 cōngming）

ヒント　①②"在""有"のどちらを用いるか。⑤"又…又〜"を用いる。

確認

(→解答と解説は p.170)

1. ピンインの部分を漢字に改めなさい。

① 我们 xuéxiào （　　　　）
② jīngjì 系 （　　　　）
③ wàiguó 留学生 （　　　　）
④ guójì jiāoliú （　　　　）（　　　　）

2. 中国語に訳しなさい。

① 私には2人の子どもがいます。

② 合計108人の学生がいます。

③ 学校の中に図書館があります。

④ 食堂のメニューはとてもおいしいです。

⑤ 私はよくスパゲッティを食べます。

発展編 第三課

ヒント

① Wǒ yǒu liǎng ge háizi.
② Yígòng yǒu yìbǎi líng bā ge xuésheng.
③ Xuéxiào li yǒu túshūguǎn.
④ Shítáng de fàncài hěn hǎochī.
⑤ Wǒ cháng chī Yìdàlìmiàn.

第四课 从家到学校
Dì-sì kè Cóng jiā dào xuéxiào

…… 家から学校まで

我 坐 公共 汽车 和 地铁 上学。
Wǒ zuò gōnggòng qìchē hé dìtiě shàngxué.

汽车站 离 我 家 很 近, 走 五 分 钟 就 到。
Qìchēzhàn lí wǒ jiā hěn jìn, zǒu wǔ fēn zhōng jiù dào.

坐上 公共 汽车, 在 第四 站 下车。
Zuòshàng gōnggòng qìchē, zài dì-sì zhàn xiàchē.

下车 后 再 换乘 地铁。
Xiàchē hòu zài huànchéng dìtiě.

早上 地铁 很 拥挤, 但是 要 坐 二十 分 钟。
Zǎoshang dìtiě hěn yōngjǐ, dànshì yào zuò èrshí fēn zhōng.

学校 就 在 地铁站 的 前边。
Xuéxiào jiù zài dìtiězhàn de qiánbian.

从 家 到 学校 大约 要 五十 分 钟。
Cóng jiā dào xuéxiào dàyuē yào wǔshí fēn zhōng.

可是, 我们 学校 校园 相当 大。从 校门口 到 教学楼 还要 七 八 分 钟。所以, 我 每 天 都 早 点儿 起床 早 点儿 出门。
Kěshì, wǒmen xuéxiào xiàoyuán xiāngdāng dà. Cóng xiàoménkǒu dào jiàoxuélóu hái yào qī bā fēn zhōng. Suǒyǐ, wǒ měi tiān dōu zǎo diǎnr qǐchuáng zǎo diǎnr chūmén.

語句

CD 62　【☐の部分が録音されています】

从…到～　cóng…dào～　…から～まで。

坐　zuò　動　①座る。②〔乗り物に〕乗る。

公共汽车　gōnggòng qìchē　バス。"公共"は「公共の」。"汽车"は「自動車」。

地铁　dìtiě　名　地下鉄。

上学　shàngxué　動　学校に行く。通学する。

　【覚えておこう】「〔子どもが〕小学校に上がる」という意味もあります。

汽车站　qìchēzhàn　名　バス停。"站"は「駅」。

　【覚えておこう】"站"には「立つ」という動詞の意味もあります。

离　lí　介　…から。隔たりを表す。

　【覚えておこう】"从"は出発点や起点を表します。

☐　　离家很近　←　家からとても近い
　　　从这儿走　←　ここから行く

走　zǒu　動　歩く。行く。出かける。

　【覚えておこう】「走る」は"跑 pǎo"と言います。

五分钟　wǔ fēn zhōng　5分間。

　【覚えておこう】「…分間」と言う時は"钟"を添えて"…分钟"とします。

就　jiù　副　すぐ。すぐに。

到　dào　動　着く。至る。…まで。

　【覚えておこう】"从…到～"「…から～まで」の"到"は動詞としての意味がそれほど強くありません。

坐上　zuòshàng　動　〔…に〕乗り込む。

第四站　dì-sì zhàn　4番目の駅。"第…"は「…番目」。

下车后　xiàchē hòu　下車したあと。日本の漢字に改めると「下車後」。

再　zài　副　①再び。②それから。"…后再～"は「…したあと、〔それから〕～する」。

発展編　第四課

換乗 huànchéng 動 〔…に〕乗り換える。
早上 zǎoshang 名 朝。
拥挤 yōngjǐ 形 込み合っている。
要 yào 動 ①要る。ほしい。②要する。〔時間などが〕かかる。助動 …しなければならない。

要什么？	←	何がほしいか？〔"要"は動詞〕
要二十分钟	←	20分間かかる〔"要"は動詞〕
要坐二十分钟	←	20分間乗らなければならない〔"要"は助動詞〕

地铁站 dìtiězhàn 名 地下鉄の駅。
前边 qiánbian 方 前。前方。
大约 dàyuē 副 大体。およそ。
可是 kěshì 接 しかし。＝"但是"
相当大 xiāngdāng dà 相当大きい。かなり大きい。
校门口 xiàoménkǒu 名 校門。学校の正門。
教学楼 jiàoxuélóu 名 教室棟。教室のある建物。

【覚えておこう】"教"の字を"jiào"と発音します。「教える」という意味の動詞の場合は"jiāo"と発音します。

还 hái 副 ①〔そのほかに〕まだ。さらに。②まだ。依然として。

| 你还要什么？ | ← | あなたはさらに何がほしいですか？ |
| 我还没吃过。 | ← | 私はまだ食べたことがありません。 |

所以 suǒyǐ 接 だから。
每天都… měi tiān dōu… 毎日…する。"都"「すべて」は"每"を受けている。
早点儿 zǎo diǎnr 少し早く。早めに。＝"早一点儿"
起床 qǐchuáng 動 起きる。起床する。

【覚えておこう】"床"は「ベッド」という意味です。

出门 chūmén 動 外出する。家を出る。

練習（1）

（→解答と解説は p.170）

日本語訳を参考にして，下線部に語句を入れなさい。

从家到学校

我_____公共汽车和地铁上学。

汽车站_____很近，_____就到。

坐上公共汽车，在_____下车。

下车后再换乘地铁。

早上地铁很拥挤，但是_____二十分钟。

学校_____地铁站的前边。

从家到学校_____五十分钟。

可是，我们学校校园相当大。从校门口到教学楼_____七八分钟。

_____，我_____都早点儿起床早点儿出门。

家から学校まで

　私はバスと地下鉄で学校に通っています。
　バス停は我が家から近く，徒歩5分で着きます。
　バスに乗り，4番目のバス停でバスを降ります。
　バスを降りたあと，地下鉄に乗り換えます。
　朝，地下鉄はとても込み合っていますが，20分間乗らなければなりません。
　学校は地下鉄の駅のすぐ前にあります。
　家から学校までおよそ50分かかります。
　しかし，私たちの学校はキャンパスがかなり広く，正門から教室のある建物までさらに7～8分かかります。だから，私は毎日早めに起きて早めに家を出ます。

練習（2）　　　　　　　　　　　　　（→解答と解説は p.170）

1. ピンインと意味を見て，（　）内に語句を入れなさい。

① （　　　　） qìchē　　　自動車
② （　　　　） dìtiě　　　 地下鉄
③ （　　　　） dì-sì zhàn　 4番目の駅
④ （　　　　） měi tiān　　毎日
⑤ （　　　　） zǒu　　　　歩く，行く，でかける
⑥ （　　　　） zuò　　　　〔乗り物に〕乗る
⑦ （　　　　） yōngjǐ　　　込み合っている
⑧ （　　　　） dàyuē　　　大体，およそ
⑨ （　　　　） dànshì　　　しかし
⑩ （　　　　） suǒyǐ　　　だから

2. （　）内の語句を使って，中国語に訳しなさい。

①　私は自転車で通学します。（骑自行车 qí zìxíngchē）

②　学校は私の家からとても遠い。（远 yuǎn）

③　私は10分間待ちます。（等 děng）

④　病院は地下鉄の駅のすぐ前にあります。（医院 yīyuàn）

⑤　家から鉄道の駅までおよそ40分間かかります。

（火车站 huǒchēzhàn）

ヒント　①"骑"は自転車に「乗る」。②⑤"离""从"のどちらを用いるか。④「すぐ」は？

確認 （→解答と解説は p.171）

1. ピンインの部分を漢字に改めなさい。

① gōnggòng 汽车　　　（　　　　）
② 下车 hòu zài 换乘…　（　　）（　　）
③ xiāngdāng 大　　　　（　　　　）
④ zǎo 点儿出门　　　　（　　　　）

2. 中国語に訳しなさい。

① 家からとても近い。

② 私はここから行きます。

③ 20 分間かかります。

④ あなたはさらに何がほしいですか？

⑤ 私はまだ食べたことがありません。

ヒント
① Lí jiā hěn jìn.
② Wǒ cóng zhèr zǒu.
③ Yào èrshí fēn zhōng.
④ Nǐ hái yào shénme?
⑤ Wǒ hái méi chīguo.

第五课 我的星期一
Dì-wǔ kè　Wǒ de xīngqīyī

…… 私の月曜日

星期一 早上 我 七 点 起床, 七 点 一 刻 吃 早饭。
Xīngqīyī zǎoshang wǒ qī diǎn qǐchuáng, qī diǎn yí kè chī zǎofàn.

学校 九 点 开始 上课。
Xuéxiào jiǔ diǎn kāishǐ shàngkè.

星期一 上午 有 两 节 课。第一 节 课 是 体育,第二 节 是 汉语 会话。一 节 课 是 九十 分 钟。
Xīngqīyī shàngwǔ yǒu liǎng jié kè. Dì-yī jié kè shì tǐyù, dì-èr jié shì Hànyǔ huìhuà. Yì jié kè shì jiǔshí fēn zhōng.

十二 点 十 分 下课 后 去 食堂 吃 午饭。
Shí'èr diǎn shí fēn xiàkè hòu qù shítáng chī wǔfàn.

中午 休息 一 个 小时。
Zhōngwǔ xiūxi yí ge xiǎoshí.

下午 也 有 两 节 课。傍晚 还 有 就业 指导。
Xiàwǔ yě yǒu liǎng jié kè. Bàngwǎn hái yǒu jiùyè zhǐdǎo.

星期一 是 一 周 中 最 忙 的 一 天。
Xīngqīyī shì yì zhōu zhōng zuì máng de yì tiān.

七 点 半 回家,吃 晚饭。
Qī diǎn bàn huíjiā, chī wǎnfàn.

九 点 左右 洗澡,十一 点 睡觉。
Jiǔ diǎn zuǒyòu xǐzǎo, shíyī diǎn shuìjiào.

語句

CD 66 【☐の部分が録音されています】

星期一　xīngqīyī　图　月曜日。

【覚えておこう】"星期"は「週」という意味で，後ろに"一"〜"六"を入れるとそれぞれ「月曜日」〜「土曜日」の意味になります。「日曜日」は"星期天"または"星期日"。

☐　今天〔是〕星期几？　←　今日は何曜日ですか？
　　今天〔是〕星期四。　←　今日は木曜日です。

七点　qī diǎn　7時。

【覚えておこう】「7時に」という意味にもなります。時を表す言葉は動詞の前に置くと「…に〔～する〕」という意味になります。

☐　你几点起床？　←　あなたは何時に起きますか？
　　我八点起床。　←　私は8時に起きます。

一刻　yí kè　15分。＝"十五分"
早饭　zǎofàn　图　朝食。
开始　kāishǐ　動　開始する。始める。始まる。
上课　shàngkè　動　授業に出る。
上午　shàngwǔ　图　午前。
两节课　liǎng jié kè　2コマの授業。"节"は授業を数える量詞。"课"は「授業」。
第一节课　dì-yī jié kè　1時限目の授業。"第二节"は「2時限目」。

【覚えておこう】"一"が「1番目」という意味を表す場合は変調しません。また，"两"は「2つ」という意味で，"二"は「2番目」という意味です。

会话　huìhuà　图　会話。
下课后　xiàkè hòu　授業が終わったあと。"下课"は「授業が終わる」。
午饭　wǔfàn　图　昼食。
中午　zhōngwǔ　图　正午。昼。

休息 xiūxi 動 休む。休憩する。
一个小时 yí ge xiǎoshí 1時間。
　【覚えておこう】「2時間」は"两个小时"。"小时"のかわりに"钟头 zhōngtóu"を用いても同義です。

☑　我休息一个小时。　← 　私は1時間休憩します。
　　我学习两个小时。　← 　私は2時間勉強します。

下午 xiàwǔ 名 午後。
傍晚 bàngwǎn 名 夕方。
就业指导 jiùyè zhǐdǎo 就職ガイダンス。日本の漢字に改めると「就業指導」。
一周 yì zhōu 1週間。="一个星期"
最忙的一天 zuì máng de yì tiān 一番忙しい日。"一天"は「1日」。

☑　我在东京呆一天。　← 　私は東京に1日滞在します。
　　她在北京呆两天。　← 　彼女は北京に2日滞在します。
　〔"呆 dāi"は「とどまる，滞在する」〕

回家 huíjiā 動 帰宅する。
晚饭 wǎnfàn 名 夕食。
洗澡 xǐzǎo 動 入浴する。
睡觉 shuìjiào 動 眠る。寝る。

練習（1）

(→解答と解説は p.171)

日本語訳を参考にして，下線部に語句を入れなさい。

我的星期一

　　星期一早上我七点起床，七点一_____吃早饭。

　　学校九点_____。

　　星期一上午有两节课。_____课是体育，_____是汉语会话。一节课是九十_____。

　　十二点十分下课后去食堂吃午饭。中午休息_____。

　　下午也有两节课。傍晚_____就业指导。

　　星期一是一周中_____的一____。

　　七点半回家，吃晚饭。

　　九点_____洗澡，十一点睡觉。

私の月曜日

　月曜日の朝は7時に起きます。7時15分に朝ご飯を食べます。
　学校は9時から授業が始まります。
　月曜日は午前中に2コマの授業があります。1時限目は体育で，2時限目は中国語会話です。授業は1コマ90分間です。
　12時10分に授業が終わると，食堂に行って昼ご飯を食べます。昼に1時間休憩します。
　午後にも2コマの授業があり，夕方にはさらに就職ガイダンスがあります。
　月曜日は1週間で一番忙しい日です。
　7時半に帰宅し，晩ご飯を食べます。
　9時頃お風呂に入り，11時には寝ます。

練習（2）

（→解答と解説は p.171）

1. ピンインと意味を見て，（　）内に語句を入れなさい。

① （　　　　） zǎoshang　　朝
② （　　　　） shàngwǔ　　午前
③ （　　　　） zhōngwǔ　　正午
④ （　　　　） xiàwǔ　　　午後
⑤ （　　　　） bàngwǎn　　夕方
⑥ （　　　　） qǐchuáng　　起きる
⑦ （　　　　） xiūxi　　　休憩する
⑧ （　　　　） huíjiā　　　帰宅する
⑨ （　　　　） xǐzǎo　　　入浴する
⑩ （　　　　） shuìjiào　　眠る

2. （　）内の語句を使って，中国語に訳しなさい。

① 私は9時に出勤します。（上班 shàngbān）

② 私は5時半に仕事が終わります。（下班 xiàbān）

③ あなたは夜何時に寝ますか？（晚上 wǎnshang）

④ 私たちはレストランに行って昼ご飯を食べます。（餐厅 cāntīng）

⑤ 空港から市の中心部まで1時間ぐらいかかります。

（机场 jīchǎng）

ヒント ①②③時刻を表す言葉を置く位置は？⑤「…ぐらい」は？

確認 (→解答と解説は p.171)

発展編 第五課

1. ピンインの部分を漢字に改めなさい。

① kāishǐ 上课　　　　（　　　）
② 第一节课是 tǐyù　　（　　　）
③ 汉语 huìhuà　　　　（　　　）
④ zuì máng 的一天　（　　）（　　）

2. 中国語に訳しなさい。

① 明日は金曜日です。

② いま7時15分です。

③ 私は朝8時に起きます。

④ 午後にも2コマの授業があります。

⑤ 私は東京に1日滞在します。

ヒント
① Míngtiān xīngqīwǔ.
② Xiànzài qī diǎn yí kè.
③ Wǒ zǎoshang bā diǎn qǐchuáng.
④ Xiàwǔ yě yǒu liǎng jié kè.
⑤ Wǒ zài Dōngjīng dāi yì tiān.

第六课 我的一周
Dì- liù kè　Wǒ de yì zhōu　……私の1週間

我　从　星期一　到　星期五　每　天　都　去　学校。
Wǒ cóng xīngqīyī dào xīngqīwǔ měi tiān dōu qù xuéxiào.

一　个　星期　有　四　节　汉语　课，日本　老师　和
Yí ge xīngqī yǒu sì jié Hànyǔ kè, Rìběn lǎoshī hé

中国　老师　教　我们。
Zhōngguó lǎoshī jiāo wǒmen.

日本　老师　姓　稻垣，是　一　位　年轻　的　女　老师。
Rìběn lǎoshī xìng Dàoyuán, shì yí wèi niánqīng de nǚ lǎoshī.

她　教　我们　语法　和　阅读。
Tā jiāo wǒmen yǔfǎ hé yuèdú.

中国　老师　姓　王，是　男　老师。他　教　我们
Zhōngguó lǎoshī xìng Wáng, shì nán lǎoshī. Tā jiāo wǒmen

会话　和　作文。
huìhuà hé zuòwén.

两　位　老师　都　很　和蔼。
Liǎng wèi lǎoshī dōu hěn hé'ǎi.

星期二　和　星期四　下课　后，我　练习　打　网球。
Xīngqī'èr hé xīngqīsì xiàkè hòu, wǒ liànxí dǎ wǎngqiú.

星期六　下午　去　便利店　打工。
Xīngqīliù xiàwǔ qù biànlìdiàn dǎgōng.

星期天　一般　都　在　家，有　时候　也　出去　逛街。
Xīngqītiān yìbān dōu zài jiā, yǒu shíhou yě chūqu guàngjiē.

語句

CD 70 【☐の部分が録音されています】

从星期一到星期五　cóng xīngqīyī dào xīngqīwǔ　月曜日から金曜日まで。
一个星期　yí ge xīngqī　１週間。＝"一周"
　【覚えておこう】「２週間」は"两个星期"。
姓　xìng　動　…という姓である。

☐　　我姓滨崎。　　　←　私は浜崎と申します。〔姓だけを言う〕
　　　我叫滨崎夏美。　←　私は浜崎夏美と申します。〔氏名を言う〕

一位　yí wèi　お１人。"位"は先生や客を丁寧に数える量詞。

☐　　两位老师　←　お２人の先生
　　　两位客人　←　お２人のお客さん
　　　〔"客人 kèren"は「客」〕

年轻　niánqīng　形　若い。
女老师　nǚ lǎoshī　女の先生。
　【覚えておこう】"男""女"は単独で使うことができません。ほかの名詞の前につけて「男の」「女の」という意味を表します。また,「男」「女」と言う時は後ろに"的"をつけます。

☐　　男老师　←　男の先生
　　　女孩子　←　女の子
　　　男的　　←　男〔の人〕
　　　女的　　←　女〔の人〕

阅读　yuèdú　名　講読。日本の漢字に改めると「閲読」。
和蔼　hé'ǎi　形　優しい。穏やかだ。
星期二　xīngqī'èr　名　火曜日。
星期四　xīngqīsì　名　木曜日。
练习　liànxí　動　練習する。
打网球　dǎ wǎngqiú　テニスをする。

【覚えておこう】手で打つ球技を「する」と言う場合には"打"を用います。「サッカーをする」と言う場合は"踢 tī"「ける」を用います。また，"打"には電話を「かける」という意味もあります。

打棒球　←　野球をする
踢足球　←　サッカーをする
打电话　←　電話をかける
〔"棒球 bàngqiú" "足球 zúqiú" は「野球」「サッカー」〕

星期六　xīngqīliù　🈔　土曜日。
便利店　biànlìdiàn　🈔　コンビニエンスストア。コンビニ。
打工　dǎgōng　🈑　アルバイトをする。
星期天　xīngqītiān　🈔　日曜日。＝"星期日"
一般都…　yìbān dōu…　普通いつも…する。
有时候…　yǒu shíhou…　時には…する。…する時もある。
出去　chūqu　🈑　出かける。
逛街　guàngjiē　🈑　街をぶらつく。

練習（1） (→解答と解説は p.172)

日本語訳を参考にして，下線部に語句を入れなさい。

我的一周

　　我从星期一到＿＿＿＿＿＿毎天都去学校。

　　＿＿＿＿＿＿有＿＿＿＿汉语课，日本老师和中国老师教我们。

　　日本老师姓稲垣，是一位＿＿＿＿＿的女老师。她教我们语法和阅读。

　　中国老师姓王，是男老师。他教我们会话和作文。

　　＿＿＿＿＿老师都很和蔼。

　　＿＿＿＿＿和＿＿＿＿＿下课后，我练习＿＿＿＿＿＿。

　　＿＿＿＿＿下午去便利店打工。

　　星期天一般都在家，＿＿＿＿＿＿也出去逛街。

私の1週間

　私は月曜日から金曜日まで毎日学校に行きます。
　1週間に中国語の授業が4コマあります。日本の先生と中国の先生が教えてくれます。
　日本の先生は稲垣先生といい，若い女の先生です。文法と講読を教えてくれます。
　中国の先生は王先生という男の先生です。会話と作文を教えてくれます。
　2人とも優しい先生です。
　火曜日と木曜日は授業後，テニスの練習をします。
　土曜日の午後はコンビニでアルバイトをします。
　日曜日はたいてい家にいますが，街に遊びに出かける時もあります。

練習（2）　　　　　　　　　　（→解答と解説は p.172）

1. ピンインと意味を見て，（　）内に語句を入れなさい。

① （　　　　）xīngqītiān　　日曜日
② （　　　　）yǔfǎ　　　　　文法
③ （　　　　）biànlìdiàn　　コンビニ
④ （　　　　）liǎng wèi　　　お２人
⑤ （　　　　）niánqīng　　　若い
⑥ （　　　　）hé'ǎi　　　　　優しい
⑦ （　　　　）yǒu shíhou　　時には
⑧ （　　　　）dǎgōng　　　　アルバイトをする
⑨ （　　　　）chūqu　　　　　出かける
⑩ （　　　　）guàngjiē　　　街をぶらつく

2. （　）内の語句を使って，中国語に訳しなさい。

①　２時から３時半まで会議があります。（开会 kāihuì）

②　私はあなたに日本語のかなを教えてあげます。
　　　　　　　　　　　　　　（日文的假名 Rìwén de jiǎmíng）

③　２人の先生はどちらもとても親切です。（热情 rèqíng）

④　土曜日に私はバレーボールの練習をします。（排球 páiqiú）

⑤　日曜日に私の兄はよくドライブに出かけます。（兜风 dōufēng）

ヒント　①「…から～まで」は？⑤「よく」は？"兜风"は「ドライブする」。

確認

(→解答と解説は p.172)

1. ピンインの部分を漢字に改めなさい。

① nǚ 老师　　　　　(　　　　)
② 语法和 yuèdú　　(　　　　　)
③ 会话和 zuòwén　 (　　　　　)
④ liànxí 打网球　　(　　　　　)
⑤ yìbān 都在家　　(　　　　　)

2. 中国語に訳しなさい。

① 私は毎日アルバイトをします。

② 彼は王という名前です。

③ 彼女は浜崎夏美という名前です。

④ 中国の先生は男性です。

⑤ 私はサッカーの練習をします。

> **ヒント**
> ① Wǒ měi tiān dōu dǎgōng.
> ② Tā xìng Wáng.
> ③ Tā jiào Bīnqí Xiàměi.
> ④ Zhōngguó lǎoshī shì nán de.
> ⑤ Wǒ liànxí tī zúqiú.

第七课 爱好
Dì- qī kè Aihào …… 趣味

我 的 爱好 是 打 网球。虽然 打 得 不 太 好，
Wǒ de àihào shì dǎ wǎngqiú. Suīrán dǎ de bú tài hǎo,

但是 我 非常 喜欢。
dànshì wǒ fēicháng xǐhuan.

我 常常 听 音乐，也 喜欢 自己 唱 歌，有
Wǒ chángcháng tīng yīnyuè, yě xǐhuan zìjǐ chàng gē, yǒu

时候 跟 朋友 一起 去 唱 卡拉OK。
shíhou gēn péngyou yìqǐ qù chàng kǎlā-OK.

我 还 喜欢 在 家 看 DVD。可是，去 电影院
Wǒ hái xǐhuan zài jiā kàn DVD. Kěshì, qù diànyǐngyuàn

看 电影 我 觉得 很 麻烦。
kàn diànyǐng wǒ juéde hěn máfan.

周末 有时 在 家 做 蛋糕。小时候 妈妈 帮
Zhōumò yǒushí zài jiā zuò dàngāo. Xiǎoshíhou māma bāng

我 做，可 现在 我 自己 做。
wǒ zuò, kě xiànzài wǒ zìjǐ zuò.

爸爸 说 我 做 的 蛋糕 是 世界 上 最 好吃
Bàba shuō wǒ zuò de dàngāo shì shìjiè shàng zuì hǎochī

的。
de.

語句

CD74 【☐の部分が録音されています】

爱好　àihào　名　趣味。愛好するもの。
　【覚えておこう】"好"の字は普通 "hǎo" と発音しますが,「好む」という意味の場合は "hào" と発音します。しかし,一般に「…が好きだ」と言う場合には "好 hào" ではなく,"喜欢" を用います。
虽然　suīrán　接　…だけれども。"虽然…, 但是～" で「…だけれども,しかし～」。
打得…　dǎ de…　〔テニスの〕仕方が…だ。
　【覚えておこう】"動詞＋得＋形容詞" は「…の仕方が～だ」という意味を表します。

☐
```
说得很好  ← 話し方がとても上手だ
说得不好  ← 話し方が上手ではない
走得很慢  ← 歩き方がとてもおそい
跑得很快  ← 走り方がとても速い
〔"慢 màn" "快 kuài" は「おそい」「速い」〕
```

不太好　bú tài hǎo　あまり上手ではない。
常常　chángcháng　副　よく。しばしば。しょっちゅう。単に "常" とも言う。"经常" とほぼ同義。
听音乐　tīng yīnyuè　音楽を聞く。"听" は日本の漢字に改めると「聴」。
自己　zìjǐ　代　自分〔で〕。
唱歌　chàng gē　歌を歌う。
跟　gēn　介　…と。
朋友　péngyou　名　友人。友だち。
一起　yìqǐ　副　一緒に。

☐
```
你跟谁一起走？  ← あなたは誰と一緒に出かけますか？
我跟妈妈一起走。 ← 私は母と一緒に出かけます。
```

唱卡拉OK　chàng kǎlā-OK　カラオケをする。

【覚えておこう】"卡拉OK"は日本語から中国語に取り入れられた言葉です。「オケ」は英語の"orchestra"から来ていると言われています。

在家看DVD　zài jiā kàn DVD　家でDVDを見る。

电影院　diànyǐngyuàn　名　映画館。"电影"は「映画」。

觉得　juéde　動　感じる。〔感じて〕…と思う。

【覚えておこう】"觉"の字を"jué"と発音します。"睡觉"「眠る」では"jiào"と発音します。

麻烦　máfan　形　面倒だ。煩わしい。

周末　zhōumò　名　週末。

有时…　yǒushí…　時には…する。…する時もある。="有时候"

做　zuò　動　①作る。②する。

蛋糕　dàngāo　名　ケーキ。

小时候　xiǎoshíhou　名　子どもの頃。小さい時。

帮　bāng　動　助ける。手伝う。

可　kě　接　しかし。="可是"

现在　xiànzài　名　いま。現在。

爸爸说…　bàba shuō…　父は…と言う。

我做的蛋糕　wǒ zuò de dàngāo　私が作るケーキ。私が作ったケーキ。

【覚えておこう】中国語では「私が作るケーキ」も「私が作ったケーキ」も同じ表現になります。「私」「作る」「の」「ケーキ」の順に中国語を並べます。

□　这是谁做的蛋糕？　←　これは誰が作ったケーキですか？
　　这是我做的蛋糕。　←　これは私が作ったケーキです。

世界上　shìjiè shàng　世界で。

最好吃的　zuì hǎochī de　一番おいしいもの。"的"の後ろに「もの」が省略されている。

練習（1）　　　　　　　　　　　　　　（→解答と解説は p.172）

日本語訳を参考にして，下線部に語句を入れなさい。

爱好

　　我的爱好是打网球。_____打得_____，但是我非常喜欢。

　　我常常_____，也喜欢自己_____，有时候跟朋友一起去唱卡拉OK。

　　我还喜欢_____DVD。可是，去电影院看电影我_____很麻烦。

　　周末有时在家做蛋糕。_____妈妈_____我做，可现在我自己做。

　　爸爸说_____蛋糕是世界上_____。

趣味

　私の趣味はテニスです。あまり上手ではありませんが，大好きです。

　私はよく音楽を聞きます。自分で歌を歌うのも好きで，時々友だちとカラオケに行きます。

　家でＤＶＤを見るのも好きです。しかし，映画館に行って映画を見るのはとても面倒に感じます。

　週末には家でケーキを作ることもあります。子どもの頃は母が手伝ってくれましたが，いまは自分で作ります。

　父は，私の作るケーキが世界一おいしいと言ってくれます。

練習（2）　　　　　　　　　　　　　　（→解答と解説は p.173）

1. ピンインと意味を見て，（　）内に語句を入れなさい。

① （　　　　　） àihào　　趣味
② （　　　　　） wǎngqiú　　テニス
③ （　　　　　） péngyou　　友人
④ （　　　　　） diànyǐng　　映画
⑤ （　　　　　） tīng　　聞く
⑥ （　　　　　） chàng　　歌う
⑦ （　　　　　） kàn　　見る
⑧ （　　　　　） bāng　　手伝う
⑨ （　　　　　） zuò　　作る
⑩ （　　　　　） shuō　　話す，言う

2. （　）内の語句を使って，中国語に訳しなさい。

① 私の趣味は美術と書道です。（美术 měishù，书法 shūfǎ）

② 私は絵を描くのが大好きです。（画画 huà huà）

③ 私は息子と一緒に卓球をします。（儿子 érzi，乒乓球 pīngpāngqiú）

④ これは私の娘が描いた絵です。（女儿 nǚ'ér）

⑤ この絵は私の娘が描いたものです。（这张画 zhè zhāng huà）

ヒント　②"画画"の前の"画"は「描く」，後ろの"画"は「絵，絵画」。⑤ "张"は絵などを数える量詞。

確認

(→解答と解説は p.173)

1. ピンインの部分を漢字に改めなさい。

① fēicháng 喜欢　　（　　　　）
② zìjǐ 唱 gē　　（　　　　）（　　　）
③ zhōumò 在家　　（　　　　）
④ shìjiè 上　　（　　　　）

2. 中国語に訳しなさい。

① 私の趣味はテニスです。

② 彼は話し方が上手ではありません。

③ あなたは誰と一緒に出かけますか？

④ 私は家でケーキを作ります。

⑤ これは私が作ったケーキです。

ヒント

① Wǒ de àihào shì dǎ wǎngqiú.
② Tā shuō de bù hǎo.
③ Nǐ gēn shéi yìqǐ zǒu?
④ Wǒ zài jiā zuò dàngāo.
⑤ Zhè shì wǒ zuò de dàngāo.

第八课 喜欢的食物
Dì- bā kè Xǐhuan de shíwù ……好きな食べ物

日本食物中，我最喜欢的是寿司。特别
Rìběn shíwù zhōng, wǒ zuì xǐhuan de shì shòusī. Tèbié

是金枪鱼、大马哈鱼和墨鱼的。
shì jīnqiāngyú、 dàmǎhǎyú hé mòyú de.

中国食物中，我喜欢包子和水饺。有名
Zhōngguó shíwù zhōng, wǒ xǐhuan bāozi hé shuǐjiǎo. Yǒumíng

的北京烤鸭我还没吃过。
de Běijīng kǎoyā wǒ hái méi chīguo.

我常去快餐店。汉堡包、热狗和炸鸡块等
Wǒ cháng qù kuàicāndiàn. Hànbǎobāo、 règǒu hé zhájīkuài děng

都是我喜欢吃的。
dōu shì wǒ xǐhuan chī de.

甜的，无论什么我都喜欢，比如巧克力、
Tián de, wúlùn shénme wǒ dōu xǐhuan, bǐrú qiǎokèlì、

蛋糕、冰激凌，还有日本的羊羹、豆沙包等等。
dàngāo、 bīngjīlíng, hái yǒu Rìběn de yánggēng、 dòushābāo děngděng.

喜欢的水果有草莓和菠萝。喜欢的蔬菜
Xǐhuan de shuǐguǒ yǒu cǎoméi hé bōluó. Xǐhuan de shūcài

是西红柿。
shì xīhóngshì.

肉和鱼我都很喜欢，但是辣的有点儿
Ròu hé yú wǒ dōu hěn xǐhuan, dànshì là de yǒudiǎnr

吃不来。
chībulái.

語句

CD 78 　【☑の部分が録音されています】

我最喜欢的　wǒ zuì xǐhuan de　私が一番好きなもの。"的"の後ろに"食物"が省略されている。

特别是…　tèbié shì…　特に…である。

金枪鱼、大马哈鱼　jīnqiāngyú、dàmǎhǎyú　マグロ，サーモン。

墨鱼的　mòyú de　イカの寿司。"墨鱼"は「イカ」。"的"の後ろに"寿司"が省略されている。

包子　bāozi　名　中華饅頭。

水饺　shuǐjiǎo　名　水ギョーザ。

有名的…　yǒumíng de…　有名な…。

北京烤鸭　Běijīng kǎoyā　北京ダック。"烤"は「〔火で〕あぶる」、"鸭"は「アヒル」。

【覚えておこう】中国語ではもともと目的語である言葉が主語として文頭に置かれることがあります。

☑　我没吃过北京烤鸭。　←　私は北京ダックを食べたことがありません。
　　北京烤鸭我没吃过。　←　北京ダックは私は食べたことがありません。

快餐店　kuàicāndiàn　名　ファーストフード店。

汉堡包、热狗　hànbǎobāo、règǒu　ハンバーガー，ホットドッグ。

【覚えておこう】"热狗"は英語の"hot dog"を直訳したものです。

炸鸡块　zhájīkuài　名　フライドチキン。"炸"は「〔油で〕揚げる」、"鸡"は「ニワトリ」、"块"は「塊(かたまり)」。

甜的　tián de　甘いもの。"甜"は「甘い」。"的"の後ろに"食物"が省略されている。

☑　我喜欢吃甜的。　←　私は甘い食べ物が好きです。
　　我不喜欢吃酸的。　←　私は酸っぱい食べ物が好きではありません。
　　〔"酸 suān"は「酸っぱい」〕

无论什么…都～　wúlùn shénme…dōu～　何でもすべて～。"无论…"は

発展編　第八課

141

「…を問わず，…でも」という意味の接続詞。日本の漢字に改めると「無論」。"都"「すべて」は"无论…"を受けている。

无论什么我都喜欢。	← 何でも私は好きです。
无论谁我都欢迎。	← 誰でも私は歓迎します。

〔"欢迎 huānyíng"は「歓迎する」〕

巧克力…冰激凌　qiǎokèlì…bīngjīlíng　チョコレート…アイスクリーム。
　【覚えておこう】"巧克力"は英語の"chocolate"の音訳語です。"冰激凌"は"冰"「氷」が"ice"の意味で，"激凌"の部分が"cream"の音訳とされています。

还有…　hái yǒu…　さらに…がある。それから…。

豆沙包　dòushābāo　名　あんまん。〔日本の〕饅頭。"豆沙"は「アズキのあん」。

水果　shuǐguǒ　名　果物。

草莓　cǎoméi　名　イチゴ。

菠萝　bōluó　名　パイナップル。

蔬菜　shūcài　名　野菜。

西红柿　xīhóngshì　名　トマト。"番茄 fānqié"とも言う。

肉和鱼我都…　ròu hé yú wǒ dōu…　肉も魚も私はどちらも…。

辣的　là de　辛いもの。"辣"は「辛い」。"的"の後ろに"食物"が省略されている。

有点儿　yǒudiǎnr　副　少し。ちょっと。
　【覚えておこう】"有点儿"は好ましくない意味の形容詞や"不"を伴う言葉の前に置いて，「ちょっと…」という意味を表します。

这个菜有点儿辣。	← この料理はちょっと辛いです。
这个汤有点儿咸。	← このスープはちょっと塩辛いです。

〔"汤 tāng" "咸 xián"は「スープ」「塩辛い」〕

吃不来　chībulái　動　食べ慣れない。口に合わない。

練習（1）

(→解答と解説は p.173)

日本語訳を参考にして，下線部に語句を入れなさい。

喜欢的食物

　　日本食物中，我＿＿＿＿＿是寿司。＿＿＿＿＿是金枪鱼、大马哈鱼和墨鱼的。

　　中国食物中，我喜欢包子和水饺。有名的北京烤鸭我还＿＿＿＿＿。

　　我＿＿＿＿快餐店。汉堡包、热狗和炸鸡块等都是我喜欢吃的。

　　甜的，＿＿＿＿＿我都喜欢，＿＿＿＿巧克力、蛋糕、冰激凌，＿＿有日本的羊羹、豆沙包＿＿＿＿。

　　喜欢的水果有草莓和菠萝。喜欢的蔬菜是西红柿。

　　肉和鱼我＿＿很喜欢，但是辣的＿＿＿＿＿吃不来。

好きな食べ物

　日本の食べ物で，私が一番好きなのはお寿司です。特にマグロとサーモンとイカのお寿司。

　中国の食べ物では，中華饅頭と水ギョーザが好きです。有名な北京ダックはまだ食べたことがありません。

　私はよくファーストフード店に行きます。ハンバーガーもホットドッグもフライドチキンも大好物です。

　甘いものは，何でも好きです。例えばチョコレート，ケーキ，アイスクリーム，それから日本の羊羹やお饅頭など。

　好きな果物はイチゴとパイナップル。好きな野菜はトマトです。

　肉も魚も好きですが，辛い料理はちょっと苦手です。

練習（2）

(→解答と解説は p.173)

1. ピンインと意味を見て，（ ）内に語句を入れなさい。

① （　　　　） bāozi　　　中華饅頭
② （　　　　） hànbǎobāo　ハンバーガー
③ （　　　　） qiǎokèlì　　チョコレート
④ （　　　　） dàngāo　　　ケーキ
⑤ （　　　　） cǎoméi　　　イチゴ
⑥ （　　　　） shūcài　　　野菜
⑦ （　　　　） xīhóngshì　トマト
⑧ （　　　　） tián　　　　甘い
⑨ （　　　　） là　　　　　辛い
⑩ （　　　　） wúlùn　　　…を問わず

2. （ ）内の語句を使って，中国語に訳しなさい。

① 中国のマントーは私は食べたことがありません。（馒头 mántou）

② あなたが好きな飲み物は何ですか？（饮料 yǐnliào）

③ 日本の刺身は私が一番好きな食べ物です。（生鱼片 shēngyúpiàn）

④ エビもカニも私はどちらもとても好きです。

（虾 xiā，螃蟹 pángxiè）

⑤ この野菜はちょっと苦い。（苦 kǔ）

ヒント ①④ "中国的馒头" "虾和螃蟹" を文頭に置く。⑤「ちょっと」は？

144

確認

(→解答と解説は p.174)

1. ピンインの部分を漢字に改めなさい。

① 喜欢的 shíwù （　　　　）

② tèbié 是… （　　　　）

③ yǒumíng 的… （　　　　）

④ ròu 和 yú （　　　）（　　　）

2. 中国語に訳しなさい。

① 私は甘い食べ物が好きです。

② 私は辛い食べ物が好きではありません。

③ 私が好きなのはハンバーガーです。

④ 私が嫌いなのはトマトです。

⑤ 北京ダックは私が一番好きな食べ物です。

> **ヒント**
> ① Wǒ xǐhuan chī tián de.
> ② Wǒ bù xǐhuan chī là de.
> ③ Wǒ xǐhuan de shì hànbǎobāo.
> ④ Wǒ bù xǐhuan de shì xīhóngshì.
> ⑤ Běijīng kǎoyā shì wǒ zuì xǐhuan chī de.

第九课 记日记
Dì- jiǔ kè　Jì　rìjì　……日記をつける

今天　二月　八　号，星期天。
Jīntiān èryuè bā hào, xīngqītiān.

我　睡到　十一　点　才　起床。
Wǒ shuìdào shíyī diǎn cái qǐchuáng.

中午　和　父母　一起　吃了　简单　的　午饭。
Zhōngwǔ hé fùmǔ yìqǐ chīle jiǎndān de wǔfàn.

哥哥　还　在　睡觉。
Gēge hái zài shuìjiào.

下午　我　跟　妈妈　一块儿　上街　买　东西。
Xiàwǔ wǒ gēn māma yíkuàir shàngjiē mǎi dōngxi.

今天　比较　暖和，街上　人　很　多。
Jīntiān bǐjiào nuǎnhuo, jiēshang rén hěn duō.

妈妈　给　我　买了　一　条　牛仔裤，还　给　自己
Māma gěi wǒ mǎile yì tiáo niúzǎikù, hái gěi zìjǐ

买了　一　个　手提包。
mǎile yí ge shǒutíbāo.

买完　后　去　一　家　咖啡馆　休息了　一会儿。
Mǎiwán hòu qù yì jiā kāfēiguǎn xiūxile yíhuìr.

我们　一边　喝　咖啡，一边　聊天儿。
Wǒmen yìbiān hē kāfēi, yìbiān liáotiānr.

回家　的　路上　我们　又　去　逛　大型　超市
Huíjiā de lùshang wǒmen yòu qù guàng dàxíng chāoshì

了。
le.

語句

CD 82　【☐の部分が録音されています】

记日记　jì rìjì　日記をつける。"记"は「記す，記録する」。"写日记"とすると「日記を書く」。

睡到…点　shuìdào…diǎn　…時まで眠る。"睡"は「眠る，寝る」。

【覚えておこう】"睡""睡觉"ともに「眠る，寝る」という意味です。「…時まで眠る」と言う場合は"睡"を用いて"睡到…点"とします。"睡觉"は動詞"睡"「眠る」＋名詞"觉"「眠り」という構造からなる動詞で，"觉"が邪魔して後ろに"到…点"を置けません。

☐　睡到十一点　←　11 時まで眠る
　　十一点睡觉　←　11 時に寝る

才　cái　副　やっと。ようやく。

【覚えておこう】日本語では年齢を表して「20 才」と書くことがありますが，"才"は年齢を表しません。「20 歳」は中国語では"二十岁"です。

和　hé　接　…と…。介　…と。"和…一起~"は「〔誰々〕と一緒に~する」という意味で，この場合の"和"は介詞。

简单的…　jiǎndān de…　簡単な…。

还在…　hái zài…　まだ…している。この"在"は「…している」という進行を表す副詞。

☐　我在家。　　　　　←　私は家にいます。〔"在"は動詞〕
　　她在这儿工作。　←　彼女はここで働いています。〔"在"は介詞〕
　　他还在睡觉。　　←　彼はまだ寝ています。〔"在"は副詞〕

一块儿　yíkuàir　副　一緒に。＝"一起"

☐　我跟妈妈一块儿去买东西。　←　私は母と一緒に買い物に行きます。
　　我和妈妈一起去买东西。　　←　同上

上街　shàngjiē　動　〔買い物などのために〕街に行く。

比较暖和　bǐjiào nuǎnhuo　比較的暖かい。
【覚えておこう】"比较"には「比較する」という動詞の意味もありますが、ここでは「比較的, 割と」という意味の副詞です。また, "暖和"の"和"は軽声で"huo"と発音します。

街上　jiēshang　名　街。通り。

给我买了…　gěi wǒ mǎile…　私に…を買ってくれた。"给"は「〔誰々〕に」という意味の介詞。"买了"は「買った」。

一条牛仔裤　yì tiáo niúzǎikù　1本のジーパン。"条"は細長いものを数える量詞。

□　她给我买了一条裤子。　←　彼女は私にズボンを1本買ってくれた。
　　我给她买了一条裙子。　←　私は彼女にスカートを1枚買ってあげた。
　　〔"裤子 kùzi""裙子 qúnzi"は「ズボン」「スカート」〕

手提包　shǒutíbāo　名　ハンドバッグ。手提げかばん。

买完后　mǎiwán hòu　買い終えたあと。

一家咖啡馆　yì jiā kāfēiguǎn　1軒の喫茶店。"家"は商店や会社を数える量詞。

休息了一会儿　xiūxile yíhuìr　しばらく休憩した。"休息"は「休む, 休憩する」。"一会儿"は「しばらく, ちょっとの間」。

一边…, 一边~　yìbiān…, yìbiān~　…しながら, ~する。

聊天儿　liáotiānr　動　世間話をする。雑談する。

□　一边喝咖啡，一边聊天儿　←　コーヒーを飲みながら, 雑談する
　　一边看电视，一边吃饭　←　テレビを見ながら, 食事をする

回家的路上　huíjiā de lùshang　家に帰る途中。

又　yòu　副　また。さらに。

逛　guàng　動　ぶらつく。

大型超市　dàxíng chāoshì　大型スーパー〔マーケット〕。"超市"は"超级市场 chāojí shìchǎng"を縮めた言い方。

練習（1）

(→解答と解説は p.174)

日本語訳を参考にして，下線部に語句を入れなさい。

记日记

今天二月八号，星期天。

我_____十一点____起床。

中午和父母一起吃了简单的午饭。

哥哥_____睡觉。

下午我跟妈妈一块儿上街_____。

今天_____，街上人很多。

妈妈_____一条牛仔裤，还给自己买了一个手提包。

买完后去一____咖啡馆休息了_____。

我们_____咖啡，一边聊天儿。

回家的路上我们又去____大型超市了。

日記をつける

今日は2月8日，日曜日。
11時まで寝てやっと起きた。
お昼に両親と簡単な昼食をとった。
兄はまだ寝ていた。
午後，母と一緒に街に買い物に出かけた。
今日は割と暖かく，街には多くの人がいた。
母は私にジーパンを買ってくれ，自分にはハンドバッグを買った。
買い物を終えてから喫茶店に行って，しばらく休憩した。
私たちはコーヒーを飲みながら，おしゃべりをした。
帰り道，私たちはまた大型スーパーに行ってぶらついた。

練習（2）　　　　　　　　　　（→解答と解説は p.174）

1. ピンインと意味を見て，（　）内に語句を入れなさい。

① (　　　) cái　　　　　やっと，ようやく
② (　　　) yìqǐ　　　　　一緒に
③ (　　　) yíkuàir　　　　一緒に
④ (　　　) yíhuìr　　　　しばらく
⑤ (　　　) mǎi dōngxi　　買い物をする
⑥ (　　　) xiūxi　　　　　休憩する
⑦ (　　　) liáotiānr　　　　世間話をする
⑧ (　　　) nuǎnhuo　　　暖かい
⑨ (　　　) shǒutíbāo　　ハンドバッグ
⑩ (　　　) chāoshì　　　スーパーマーケット

2. （　）内の語句を使って，中国語に訳しなさい。

① 私は友人と一緒に試合に出場します。（参加比赛 cānjiā bǐsài）

② 私はコーヒーを2杯飲みました。（杯 bēi）

③ 父は私にノートパソコンを1台買ってくれました。
　　　　　　　　　　　　（笔记本电脑 bǐjìběn diànnǎo）

④ 母は音楽を聞きながら，食事を作ります。（做饭 zuò fàn）

⑤ 今日は割と涼しいです。（凉快 liángkuai）

ヒント　②"两"を用いる。④"一边…，一边～"を用いる。

確認

(→解答と解説は p.175)

1. ピンインの部分を漢字に改めなさい。

① 记 rìjì　　　　　（　　　）
② jiǎndān 的…　　（　　　）
③ bǐjiào 多　　　（　　　）
④ 回家的 lùshang （　　　）
⑤ dàxíng 超市　　（　　　）

2. 中国語に訳しなさい。

① 今日は何月何日で，何曜日ですか？

② 彼はまだ休んでいます。

③ 私はズボンを1本買いました。

④ 彼らは買い物に行きました。

⑤ 彼女はまた来ました。

ヒント
① Jīntiān jǐyuè jǐ hào, xīngqījǐ?
② Tā hái zài xiūxi.
③ Wǒ mǎile yì tiáo kùzi.
④ Tāmen qù mǎi dōngxi le.
⑤ Tā yòu lái le.

第十课 将来的梦想
Dì- shí kè Jiānglái de mèngxiǎng ……将来の夢

去年 夏天 我 一个 人 去了 北京。当时，
Qùnián xiàtiān wǒ yí ge rén qùle Běijīng. Dāngshí,
一 个 人 去 还 觉得 有点儿 不安，但是 我 想
yí ge rén qù hái juéde yǒudiǎnr bù'ān, dànshì wǒ xiǎng
试试 自己 的 汉语 能力。
shìshi zìjǐ de Hànyǔ nénglì.

我 在 北京 呆了 四 天。参观了 天安门、
Wǒ zài Běijīng dāile sì tiān. Cānguānle Tiān'ānmén,
故宫、颐和园 和 长城 等。
Gùgōng、Yíhéyuán hé Chángchéng děng.
亲眼 看到 雄伟 的 长城 时，我 非常
Qīnyǎn kàndào xióngwěi de Chángchéng shí, wǒ fēicháng
感动。下 一 次，我 还 想 去 看看 上海、
gǎndòng. Xià yí cì, wǒ hái xiǎng qù kànkan Shànghǎi,
广州 等 南方 的 城市。
Guǎngzhōu děng nánfāng de chéngshì.

我 想 用 汉语 和 中国人 交流。
Wǒ xiǎng yòng Hànyǔ hé Zhōngguórén jiāoliú.
我 还 没 决定 将来 的 具体 目标。
Wǒ hái méi juédìng jiānglái de jùtǐ mùbiāo.
我 希望 做 和 中国 有关 的 工作。
Wǒ xīwàng zuò hé Zhōngguó yǒuguān de gōngzuò.
不管 将来 做 什么，我 都 打算 继续 努力
Bùguǎn jiānglái zuò shénme, wǒ dōu dǎsuan jìxù nǔlì
学习 汉语。
xuéxí Hànyǔ.

語句

CD 86 【☑の部分が録音されています】

将来的梦想　jiānglái de mèngxiǎng　将来の夢。
去年夏天　qùnián xiàtiān　去年の夏〔に〕。
一个人　yí ge rén　1人〔で〕。
当时　dāngshí　名　当時。その時。
觉得有点儿不安　juéde yǒudiǎnr bù'ān　ちょっと不安に感じる。"觉得"は「感じる，〔感じて〕…と思う」。"有点儿…"は「〔好ましくない〕ちょっと…」。
想　xiǎng　動　①思う。考える。②…したいと思う。

☑　你在想什么？　←　あなたは何を考えていますか？
　　你想喝什么？　←　あなたは何を飲みたいと思いますか？

试试　shìshi　ちょっと試す。試してみる。"试"は「試す」。
【覚えておこう】動詞を2つ重ねると「ちょっと…する，…してみる」という意味になります。後ろの動詞は軽く発音します。1音節の動詞では中間に"一"を入れることもあります。

☑　试〔一〕试　←　ちょっと試す，試してみる
　　看〔一〕看　←　ちょっと見る，見てみる
　　休息休息　←　ちょっと休憩する
　　参观参观　←　ちょっと参観する

呆了四天　dāile sì tiān　4日間滞在した。"呆"は「とどまる，滞在する」。"待"と書くこともある。
天安门、故宫、颐和园　Tiān'ānmén、Gùgōng、Yíhéyuán　天安門，故宮，頤和園。
长城　Chángchéng　名　〔万里の〕長城。
亲眼　qīnyǎn　副　自分の目で。
看到　kàndào　動　〔…を〕目にする。
雄伟的…　xióngwěi de…　雄大な…。"伟"は日本の漢字に改めると「偉」。

153

…时 …shí …する時。…した時。
感动 gǎndòng 動 感動する。
下一次 xià yí cì 次回。
【覚えておこう】"下"には「次の」という意味があります。"下一次"は「次の1回」という意味です。"上"には「前の」という意味があるので，"上一次"は「前回」という意味になります。
上海、广州 Shànghǎi、Guǎngzhōu 上海，広州(こうしゅう)。
南方的城市 nánfāng de chéngshì 南方の都市。
用汉语 yòng Hànyǔ 中国語を用いて。中国語で。
和中国人交流 hé Zhōngguórén jiāoliú 中国人と交流する。"和"は「…と」という意味の介詞で，"跟"と同義。"交流"は「交流する」。
决定 juédìng 動 決める。決定する。

| 已经决定了 | ← | もう決めた |
| 还没决定 | ← | まだ決めていない |

具体目标 jùtǐ mùbiāo 具体的な目標。
希望 xīwàng 動 希望する。
做和中国有关的工作 zuò hé Zhōngguó yǒuguān de gōngzuò 中国と関係のある仕事をする。"做"は「する」。"和"は「…と」。"有关"は「関係がある」。"工作"は「仕事」。"做…的工作"で「…の仕事をする」。
不管将来做什么…都～ bùguǎn jiānglái zuò shénme…dōu～ 将来何をするにせよ～。"不管"は「…にかかわらず」という意味の接続詞で，"无论"とほぼ同義。"都"「すべて」は"不管…"を受けている。

| 不管做什么，我都努力。 | ← | 何をするにせよ，私は努力します。 |
| 不管谁来，我都欢迎。 | ← | 誰が来るにせよ，私は歓迎します。 |

继续 jìxù 動 継続する。続けて…する。
努力学习 nǔlì xuéxí 勉強に励む。一生懸命学ぶ。

練習（1）　　　　　　　　　　　　（→解答と解説は p.175）

日本語訳を参考にして，下線部に語句を入れなさい。

将来的梦想

　　去年夏天我一个人去了北京。当时，一个人去还＿＿＿＿有点儿不安，但是我想＿＿＿＿自己的汉语能力。

　　我在北京＿＿＿＿＿＿＿。参观了天安门、故宫、颐和园和长城等。

　　＿＿＿＿＿＿雄伟的长城时，我非常感动。＿＿＿＿＿＿，我还想去看看上海、广州等南方的城市。

　　我想＿＿＿＿和中国人交流。

　　我＿＿＿决定将来的具体目标。

　　我希望做和中国有关的＿＿＿＿。

　　不管将来做什么，我＿打算＿＿＿＿学习汉语。

将来の夢

　去年の夏に私は１人で北京に行きました。当初，１人で行くのは少し不安に感じましたが，自分の中国語の力を試してみたいと思ったのです。
　北京に４日間滞在しました。天安門，故宮，頤和園と万里の長城などを参観しました。
　自分の目で雄大な長城を見た時は，非常に感動しました。次回は，上海や広州など南方の都市も見に行きたいと思っています。
　中国語で中国の人と交流したいと思います。
　将来の具体的な目標はまだ決めていません。
　中国と関係のある仕事に就くことを希望します。
　将来何をするにしても，引き続き中国語の学習に励むつもりです。

練習（2）

(→解答と解説は p.175)

1. ピンインと意味を見て，（ ）内に語句を入れなさい。

① (　　　　) mèngxiǎng　　夢
② (　　　　) xiàtiān　　　　夏
③ (　　　　) chéngshì　　　都市
④ (　　　　) gōngzuò　　　仕事
⑤ (　　　　) zìjǐ　　　　　自分
⑥ (　　　　) dāi　　　　　滞在する
⑦ (　　　　) zuò　　　　　する
⑧ (　　　　) kànkan　　　　ちょっと見る
⑨ (　　　　) sì tiān　　　　4日間
⑩ (　　　　) xià yí cì　　　次回

2. （ ）内の語句を使って，中国語に訳しなさい。

① あなたは寒く感じますか？（冷 lěng）

② 私は中国のヒットソングのCDを聞いてみたいと思います。
　　　　　　　　　　　　　（流行歌的CD liúxínggē de CD）

③ 日本人も箸で食事をします。（筷子 kuàizi）

④ 私は将来通訳になることを希望します。（当翻译 dāng fānyì）

⑤ 私は一人暮らしをするつもりです。（生活 shēnghuó）

ヒント ②"听"を2つ重ねる。③"用"を用いる。④"当"は「…になる」。⑤"生活"は「生活する」。

確認 　　　　　　　　　　（→解答と解説は p.176）

1. ピンインの部分を漢字に改めなさい。

① 汉语 nénglì　　　　（　　　　　）

② cānguān 天安门　　（　　　　　）

③ jùtǐ 目标　　　　　（　　　　　）

④ jìxù 努力 xuéxí　　（　　　　）（　　　　　）

2. 中国語に訳しなさい。

① 私は見てみたいと思います。

② 私は北京に2日間滞在しました。

③ 私はもう決めました。

④ 私はまだ決めていません。

⑤ 何をするにせよ，私は努力します。

ヒント
① Wǒ xiǎng kànkan.
② Wǒ zài Běijīng dāile liǎng tiān.
③ Wǒ yǐjīng juédìng le.
④ Wǒ hái méi juédìng.
⑤ Bùguǎn zuò shénme, wǒ dōu nǔlì.

練習・確認の正解 ▶ 基礎編

第1課
練習 (p.8)
1 这是什么？ 那是什么？ 他是谁？ 她是谁？
2 ① 这是电子词典。 ② 那是数码相机。 ③ 我是大学生。
④ 他是中国人。 ⑤ 她是日本人。

2の解説
① 「これは…である」は"这是…"。"电子词典"の"词典"は「辞書, 辞典」。② 「それは…である」は"那是…"。"数码相机"の"数码"は「デジタル〔の〕」、"相机"は「カメラ」。③ 「私は…である」は"我是…"。④ 「彼は…である」は"他是…"。⑤ 「彼女は…である」は"她是…"。

確認 (p.9)
1 ① 这 ② 那 ③ 哪 ④ 我 ⑤ 你 ⑥ 他 ⑦ 她 ⑧ 谁 ⑨ 什么 ⑩ 是
2 ① 这是什么？ ② 这是电脑。 ③ 我是……。 ④ 他是谁？
⑤ 他是王老师。

第2課
練習 (p.14)
1 你是日本人吗？ 他也是日本人吗？ 他是哪国人？ 你们都是大学生吗？
2 ① 你是中国留学生吗？〔你是不是中国留学生？〕 ② 我们都是日本学生。 ③ 他不是韩国人。 ④ 这也是汉语课本。 ⑤ 这些都是日语课本。

2の解説
① 「…か」という疑問は文末に"吗"を置く。"吗"を用いずに"是不是…"としてもよい。"中国留学生"は「中国の留学生」。「中国の留学生」「日本の留学生」のように前の語が後ろの語の類別を表す場合、"的"は不要。② 「私たち」は"我们"。「みんな」は"都"。

"都"は副詞なので"是"の前に置く。"日本学生"は「日本の学生」。"的"は不要。③「…ではない」は"不是…"。"不"は副詞なので"是"の前に置く。④「…も」は"也"。"也"は副詞なので"是"の前に置く。"汉语课本"の"汉语"は「中国語」,"课本"は「テキスト」。「中国語のテキスト」「日本語のテキスト」のように前の語が後ろの語の類別を表す場合,"的"は不要。⑤「これら」は"这些"。「すべて」は"都"。"日语"は「日本語」。

確認　　(p.15)
1　① 我们　② 你们　③ 他们　④ 她们　⑤ 这些　⑥ 那些　⑦ 哪些　⑧ 吗　⑨ 也　⑩ 都
2　① 你是中国人吗?〔你是不是中国人?〕　② 我不是中国人。　③ 他也是日本人。　④ 她是哪国人?　⑤ 我们都是日本人。

第3課
練習　　(p.20)
1　这是谁的行李?　那也是你的行李吗?　这是什么卡?　那是什么卡?
2　① 这是谁的书包?　② 这些书都是我的。　③ 他是英语老师。　④ 她是高中老师。　⑤ 这是什么菜?

[2の解説]
①「誰の…」は"谁的…"。"书包"は「カバン」。疑問詞を用いる疑問文なので,文末に"吗"は不要。②"这些书"の"这些"は「これらの」,"书"は「本,書物」。「すべて」は"都"。「私のもの」は"我的"。③「英語の先生」は"英语老师"。「英語の先生」「中国語の先生」などと言う場合,"的"は不要。④"高中"は"高级中学"の略で日本の「高校」に相当。「高校の先生」「大学の先生」などと言う場合,"的"は不要。⑤「どんな…」は"什么…"。"菜"は「料理」。疑問詞を用いる疑問文なので,文末に"吗"は不要。

確認　　(p.21)
1　① 行李　② 卡　③ 书　④ 汉语　⑤ 日语　⑥ 课本　⑦ 爸爸　⑧ 妈妈　⑨ 的　⑩ 不
2　① 这是谁的行李?　② 这是我的行李。　③ 那是谁的?　④

那是王老师的。　⑤　这是什么花？

第4課
練習　(p.26)
1　你好吗？　你父母怎么样？　这个贵吗？　那个贵不贵？
2　①　你饿吗？〔你饿不饿？〕　②　我不累。　③　我很高兴。　④　这个非常好吃。　⑤　哪个最便宜？

②の解説
①　"饿"は「空腹だ」という意味の形容詞。「空腹か」は"饿吗"。"饿不饿"でもよい。②　"累"は「疲れている」という意味の形容詞。否定の"不"は副詞なので形容詞の前に置く。③　「とても」は"很"。"高兴"は「嬉しい」という意味の形容詞。"很"は副詞なので形容詞の前に置く。④　形容詞を用いる文の「これは…」は"这个…"。「非常に」は"非常"。"好吃"は「〔食べ物が〕おいしい」。"非常"は副詞なので形容詞の前に置く。⑤　形容詞を用いる文の「どれが…」は"哪个…"。"最"は「最も，一番」という意味の副詞。「安い」は"便宜"。"最"は"便宜"の前に置く。疑問詞を用いる疑問文なので，文末に"吗"は不要。

確認　(p.27)
1　①　好　②　贵　③　便宜　④　很　⑤　不太　⑥　怎么样　⑦　怎么了　⑧　这个　⑨　那个　⑩　哪个
2　①　你好吗？　②　我很好。　③　你怎么样？　④　这个很贵。　⑤　那个很便宜。

第5課
練習　(p.32)
1　您贵姓？　你叫什么？　你吃什么？　你喝什么？
2　①　他姓李。　②　她叫张丽。　③　你要什么？　④　你听音乐吗？　⑤　我不喝啤酒。

②の解説
①　「李」は中国人の姓。姓だけを言う場合は"姓…"。②　「張麗」は中国人の氏名。氏名を言う場合は"叫……"。③　"要"は「要る，ほしい，必要とする」。「何がほしい」は「何を必要とする」と考

えて"要"の後ろに"什么"を置く。文末に"吗"は不要。④ "听音乐"の"听"は「聞く」、"音乐"は「音楽」。文末に"吗"を置く。"听不听音乐"としてもよい。⑤ "啤酒"は「ビール」。「飲む」は"喝"。「飲まない」は"不喝"。

確認　(p.33)
1　① 您　② 叫　③ 吃　④ 喝　⑤ 看　⑥ 买　⑦ 学习　⑧ 水果　⑨ 电视　⑩ 东西
2　① 您贵姓?　② 我姓…。　③ 我叫……。　④ 我买东西。　⑤ 我学〔习〕汉语。

第6課
練習　(p.38)
1　你去哪儿?　书店在哪儿?　美术馆在哪儿?　图书馆在哪儿?
2　① 我们去香港。　② 博物馆在公园〔的〕里边。　③ 邮局在书店〔的〕旁边。　④ 他们在办公室。　⑤ 超级市场就在那儿。〔超级市场就在那里。〕

②の解説
① 「〔どこどこに〕行く」は"去…"。② 「公園の中」は"公园〔的〕里边"。"的"は省略可能。③ "邮局"は「郵便局」。「書店の横」は"书店〔的〕旁边"。"的"は省略可能。④ "办公室"は「事務室」。「〔どこどこに〕いる」は"在…"。⑤ "超级市场"は「スーパーマーケット」。「すぐ」は"就"。副詞なので動詞の前に置く。「そこ」は"那儿"または"那里"。「〔どこどこに〕ある」は"在…"。

確認　(p.39)
1　① 去　② 在　③ 这儿　④ 那儿　⑤ 哪儿　⑥ 这里　⑦ 那里　⑧ 哪里　⑨ 里边　⑩ 旁边
2　① 我去中国。　② 他来日本。　③ 我在这儿。〔我在这里。〕　④ 你家在哪儿?〔你家在哪里?〕　⑤ 我家在东京。

第7課
練習　(p.44)
1　你有兄弟姐妹吗?　我没有兄弟姐妹。　你家有几口人?　有什么人?

2　① 我有两个姐姐。　② 我没〔有〕护照。　③ 我家有爸爸、妈妈、弟弟、妹妹和我。　④ 噢，你是独生女。　⑤ 桌子上有两本书。

> **2の解説**

① 「私は2人の姉を持っている」と考える。「私は…を持っている」は"我有…"。「2人〔の〕」は"两个"。「姉姉」は「姉」。② 「私は…を持っていない」は"我没〔有〕…"。"有"は省略可能。"护照"は「パスポート」。③ 「我が家には…がいる」は"我家有…"。「父」「母」は"爸爸""妈妈"。"弟弟""妹妹"は「弟」「妹」。単語を並べる時に用いる記号"、"に注意。④ 「ああ」は"噢"。"独生女"は「一人娘」。⑤ 「机」は"桌子"。「机の上に…がある」は"桌子上有…"。"两本"は「2冊〔の〕」。"本"は「冊」という意味で、書物を数える量詞。「本，書物」は"书"。

確認　(p.45)

1　① 有　② 没有　③ 两个　④ 四口　⑤ 和　⑥ 姐妹　⑦ 哥哥　⑧ 独生子　⑨ 桌子　⑩ 苹果

2　① 你家有几口人？　② 我家有四口人。　③ 我有电脑。　④ 我没〔有〕电脑。　⑤ 我有一个哥哥。

第8課
練習　(p.50)

1　今天几月几号？　你几月几号去中国？　今天星期几？　你星期几打工？

2　① 你的生日〔是〕几月几号？　② 前天〔是〕几号？　③ 后天〔是〕星期六。　④ 你几月几号回日本？　⑤ 你星期几出发？

> **2の解説**

① "生日"は「誕生日」。「何月何日」は"几月几号"。"是"は用いても用いなくてもよい。文末に"吗"は不要。② "前天"は「一昨日」。「何日か」も「何日だったか」も同じ表現。"是"は用いても用いなくてもよい。文末に"吗"は不要。③ "后天"は「明後日」。「土曜日」は"星期六"。"是"は用いても用いなくてもよい。④ "几月几号"は動詞の前に置くと「何月何日に〔…するか〕」という意味になる。"回日本"の"回"は「帰る」。文末に"吗"は不要。⑤ "星期几"は動詞の前に置くと「何曜日に〔…するか〕」とい

う意味になる。"出发"は「出発する」。文末に"吗"は不要。

確認　(p.51)
1　① 昨天　② 今天　③ 明天　④ 星期一　⑤ 星期二　⑥ 星期三　⑦ 星期四　⑧ 星期五　⑨ 星期六　⑩ 星期天
2　① 今天〔是〕几月几号？　② 今天〔是〕七月七号。　③ 今天〔是〕星期几？　④ 今天〔是〕星期四。　⑤ 我八月八号去。

第9課
練習　(p.56)
1　现在几点？　你几点走？　你今年多大？　你爸爸多大年纪？
2　① 我爷爷八十岁。　② 我奶奶七十五岁。　③ 我七点起床。　④ 我六点回家。　⑤ 我十一点睡觉。

［2の解説］
① "爷爷"は「祖父」。「あなたのお父さん」「私の祖父」のように前の語が人称代名詞で後ろの語が親族の場合，"的"は用いなくてよい。「80歳」は"八十岁"。"是"は不要。② "奶奶"は「祖母」。「75歳」は"七十五岁"。"是"は不要。③ 「7時に…する」は"七点…"。"起床"は「起きる，起床する」。④ 「6時に…する」は"六点…"。"回家"は「帰宅する」。⑤ 「11時に…する」は"十一点…"。"睡觉"は「眠る，寝る」。

確認　(p.57)
1　① 现在　② 几点　③ 多大　④ 一刻　⑤ 半　⑥ 差十分　⑦ 年纪　⑧ 走　⑨ 上课　⑩ 下课
2　① 现在几点？　② 现在两点。　③ 你多大〔年纪〕？　④ 我二十岁。　⑤ 他三点来。

第10課
練習　(p.62)
1　这本书多少钱？　这支笔多少钱？　有一千零八十个学生。　八十万日元。
2　① 这本杂志多少钱？　② 一个月的工资多少钱？　③ 中国有多少人口？　④ 我们学校有一百零五个外国留学生。　⑤ 一共一千

零五十块〔钱〕。
  2の解説
① "杂志"は「雑誌」。「この雑誌」は"这本杂志"。「〔値段は〕いくらか」は"多少钱"。"是"は不要。文末に"吗"は不要。② "一个月"は「1ヶ月」。"工资"は「賃金，給料」。③ 「中国に…がいる」は"中国有…"。「どれだけの人口」は"多少人口"。文末に"吗"は不要。④ 「私たちの学校には…がいる」は"我们学校有…"。「私たちの学校」「あなたの家」のように前の語が人称代名詞で後ろの語が所属先の場合，"的"は用いなくてよい。「105人〔の〕」は"一百零五个"。「外国人留学生」は「外国の留学生」と考える。「外国の留学生」と言う場合，"的"は不要。⑤ "一共"は「全部で，合計で」という意味の副詞。「1050元」は"一千零五十块〔钱〕"。"钱"は省略可能。副詞は動詞の前に置くが，値段を言う場合には"是"を用いないので，"一共"は"一千零五十块〔钱〕"の前に置く。

確認　　(p.63)
1　① 这本书　② 那支笔〔那枝笔〕　③ 钱　④ 块　⑤ 毛　⑥ 多少　⑦ 日元　⑧ 一百　⑨ 二百　⑩ 两千
2　① 多少钱?　② 三块〔钱〕。　③ 两块五毛〔钱〕。　④ 学校有多少学生?　⑤ 有一百零五个学生。

第11課
練習　　(p.68)
1　你喜欢吃什么?　你喜欢喝什么?　你想去中国吗?　你打算什么时候去?
2　① 我喜欢打网球。　② 我不喜欢看电影。　③ 我想买东西。　④ 我不想吃方便面。　⑤ 我打算寒假去旅行。
  2の解説
① "打网球"の"打"は「打つ，〔手で打つ球技を〕する」，"网球"は「テニス」。「…するのが好きだ」は"喜欢…"。② "看电影"の"看"は「見る」，"电影"は「映画」。「…が好きではない」は"不喜欢…"。③ "买东西"の"买"は「買う」，"东西"は「物，品物」。"买东西"で「買い物をする」。「…したいと思う」は"想…"。④ "方便面"は「インスタントラーメン」。「…を食べたいと思わない」

は"不想吃…"。⑤ "寒假"は「冬休み」。動詞の前に置くと「冬休みに〔…する〕」という意味になる。"去旅行"は「行って旅行する，旅行に行く」。「…するつもりだ」は"打算…"。"打算…"の"…"の部分に"寒假去旅行"を入れる。

確認　(p.69)
1　① 喜欢　② 想　③ 打算　④ 面条　⑤ 面包　⑥ 牛奶　⑦ 时候　⑧ 暑假　⑨ 什么　⑩ 哪儿
2　① 我喜欢吃面条。　② 我不喜欢喝咖啡。　③ 我想去中国。　④ 他打算来日本。　⑤ 他什么时候来?

第12課
練習　(p.74)
1　我会说一点儿。　他不会说。　谁教你们汉语?　我给你一本参考书。
2　① 我会游泳。　② 我不会开车。　③ 她会说韩国语。　④ 稲垣老师教我们汉语语法。　⑤ 我给你一支自动铅笔。

2の解説
① "游泳"は「水泳をする」。「〔技術を身につけて〕…することができる」は"会…"。② "开车"は「車を運転する」。「…することができない」は"不会…"。③ 「話す」は"说"。"讲"を用いてもよい。④ 「先生」は"老师"。「私たちに…を教える，教えてくれる」は"教我们…"。"汉语语法"の"汉语"は「中国語」,"语法"は「文法」。⑤ 「あなたに…をあげる」は"给你…"。"自动铅笔"は「シャープペンシル」。「シャープペンシルを1本」は「1本のシャープペンシルを」と考える。「1本〔の〕」は"一支"。"一枝"を用いてもよい。

確認　(p.75)
1　① 会　② 说　③ 给　④ 谢谢　⑤ 滑冰　⑥ 你们　⑦ 老师　⑧ 礼物　⑨ 一点儿　⑩ 太
2　① 我会说汉语。　② 他不会说汉语。　③ 她会说一点儿。　④ 王老师教我汉语。　⑤ 我给你一本书。

第13課
練習　(p.80)

1　明天你能来我家吗？　那后天能不能来？　你的手机能发短信吗？我可以给你发短信吗？

2　① 我不能参加。　② 我的手机能照相。　③ 你可以抽烟。　④ 我给你发电子邮件。　⑤ 我给你买票。

２の解説

① "参加"は「参加する」。「…することができない」は"不能…"。
② 「私の携帯電話」は"我的手机"。「照相」は「写真を撮る」。「…することができる」は"能…"。③ "抽烟"の"抽"は「吸う」、"烟"は「タバコ」。「…してもよい」は"可以…"。④ 「あなたに…を送る」は"给你发…"。"发"は「発送する，送る」。"电子邮件"は「電子メール，Ｅメール」。⑤ 「あなたに…を買ってあげる」は"给你买…"。"票"は「切符，チケット」。

確認　(p.81)

1　① 能　② 可以　③ 给　④ 信　⑤ 打　⑥ 写　⑦ 做　⑧ 去　⑨ 不行　⑩ 有事

2　① 我明天能去。　② 他不能去。　③ 你可以来。　④ 我给你打电话。　⑤ 我给你写信。

第14課
練習　(p.86)

1　我去过。　他没去过。　你哥哥在哪儿工作？　公司离家远吗？

2　① 我父母去过美国。　② 我吃过水饺。　③ 我没〔有〕看过京剧。　④ 我在这儿等你。〔我在这里等你。〕　⑤ 车站离学校很近。

２の解説

① 「私の両親」は"我父母"。"的"は用いなくてよい。"美国"は「アメリカ」。「…に行ったことがある」は"去过…"。② "水饺"は「水ギョーザ，ゆでギョーザ」。「…を食べたことがある」は"吃过…"。③ "京剧"は「京劇」。「見たことがない」は"没〔有〕看过"。"有"は省略可能。④ 「ここで…する」は"在这儿…"。"这儿"のかわりに"这里"を用いてもよい。"等"は「待つ」という意味で，"等你"とすると「あなたを待つ」。⑤ "车站"は「停車場，

バス停」。「〔どこどこ〕からとても近い」は"离…很近"。

確認　(p.87)
1　① 看　② 见　③ 工作　④ 学习　⑤ 远　⑥ 很近　⑦ 在　⑧ 离　⑨ 从　⑩ 公司
2　① 我去过中国。　② 她没〔有〕去过中国。　③ 你在哪儿工作?〔你在哪里工作?〕　④ 你在哪儿学习?〔你在哪里学习?〕　⑤ 公司离家不远。

第15課
練習　(p.92)
1　他已经来了。　她还没来。　你吃午饭了吗?　你吃了什么?
2　① 我已经吃饭了。　② 我不吃早饭。　③ 我还没〔有〕吃晚饭。　④ 我喝了一杯茉莉花茶。　⑤ 我买了一双旅游鞋。

　　②の解説
　　① 「もう…した」は"已经…了"。"吃饭"は「食事をする」。② 「…を食べない」は"不吃…"。"早饭"は「朝食」。③ 「まだ…を食べていない」は"还没〔有〕吃…"。"有"は省略可能。"晚饭"は「夕食」。④ "茉莉花茶"は「ジャスミン茶」。「ジャスミン茶を1杯」は「1杯のジャスミン茶を」と考える。「1杯〔の〕」は"一杯"。具体的に「1杯飲んだ」と言う場合は"喝了一杯…"。⑤ "旅游鞋"は「スニーカー」。「スニーカーを1足」は「1足のスニーカーを」と考える。「1足〔の〕」は"一双"。具体的に「1足買った」と言う場合は"买了一双…"。

確認　(p.93)
1　① 已经　② 还　③ 午饭　④ 拉面　⑤ 吃　⑥ 喝　⑦ 买　⑧ 一碗饭　⑨ 一杯茶　⑩ 一双鞋
2　① 他已经来了。　② 她还没〔有〕来。　③ 我结婚了。　④ 我没〔有〕结婚。　⑤ 我买了一本书。

練習・確認の正解 ▶発展編

第一课
練習（1） (p.101)
叫　认识　很高兴　二年级　今年二十岁　在大学　都很难　没去过　打算去　多多关照

練習（2） (p.102)
1　① 大家　② 年级　③ 系　④ 汉语　⑤ 语法　⑥ 暑假　⑦ 介绍　⑧ 认识　⑨ 难　⑩ 高兴

2　① 我是中文系的学生。　② 见到你，我很高兴。　③ 他在大学学〔习〕经济。　④ 她没〔有〕去过台湾。　⑤ 我打算去中国留学。

2の解説
① 「私は…である」は"我是…"。「中国語学科」は"中文系"。「…の」は"的"。② 「あなたに会って，…」は"见到你，…"。「私はとても嬉しい」は"我很高兴"。③ 「彼」は"他"。「大学で」は"在大学"。「経済を学んでいる」は"学习经济"。"学习"のかわりに"学"を用いてもよい。④ 「彼女」は"她"。「…に行ったことがある」は"去过…"で，「…に行ったことがない」は"没〔有〕去过…"。"有"は省略可能。⑤ 「…するつもりだ」は"打算…"。「中国留学に行く」は「中国に行って留学する」と考えて，"去中国留学"とする。"留学"は「留学する」という意味の動詞。

確認 (p.103)
1　① 文学　② 今年　③ 大学　④ 发音　⑤ 旅行

2　① 大家好！　② 认识你，我很高兴。　③ 你在哪儿工作？　④ 我去过中国。　⑤ 请多关照。

第二课
練習（1） (p.107)
在东京　有四口人　和　高中老师　也会说　比如　公司　还没结婚　上网　发

練習（2） (p.108)
1 ① 爸爸　② 妈妈　③ 哥哥　④ 姐姐　⑤ 高中　⑥ 公司　⑦ 说　⑧ 经常　⑨ 比如　⑩ 等等
2 ① 我爸爸是数学老师。　② 我哥哥会用电脑。　③ 我妈妈经常去买东西。　④ 我姐姐已经结婚了。　⑤ 我还没〔有〕做作业。

[2の解説]
① 「私の父」は"我爸爸"。「数学の先生」は"数学老师"。"的"は不要。② 「私の兄」は"我哥哥"。「パソコンが使える」は「パソコンを使うことができる」と考えて"会用电脑"とする。"会"は「〔技術を身につけて〕…することができる」。"用"は「用いる，使う」。③ 「私の母」は"我妈妈"。「よく」は"经常"。"经常"は副詞なので動詞の前に置く。"买东西"の"买"は「買う」，"东西"は「物，品物」。"买东西"で「買い物をする」。「買い物に行く」は「行って買い物をする」と考えて，"去买东西"とする。④ 「私の姉」は"我姐姐"。"已经…了"は「もう…している，すでに…した」。「結婚する」は"结婚"。⑤ 「まだ」は"还"。「まだ…していない」は「すでに…した」の否定で，"还没〔有〕…"。否定では"了"がなくなる。"做作业"は「宿題をする」。

確認 (p.109)
1 ① 家庭　② 父母　③ 活动　④ 职员　⑤ 健康
2 ① 我在这儿。　② 我有手机。　③ 他教我英语。　④ 她不会说汉语。　⑤ 我没结婚。

第三课
練習（1） (p.113)
在市中心　非常方便　有两个系　一千零一百　左右　最多的　中心　没有　又好吃

練習（2） (p.114)
1 ① 方便　② 便宜　③ 好吃　④ 中心　⑤ 校园　⑥ 运动场　⑦ 游泳池　⑧ 饭菜　⑨ 一共　⑩ 左右
2 ① 国际交流中心在图书馆〔的〕旁边。　② 学校里有一家便利店。　③ 交通不太方便。　④ 日本的面条很好吃。　⑤ 她又漂亮又聪明。

2の解説

① 「〔どこどこに〕ある」は"在…"。"旁边"は「横，隣」。「…の横」は"…〔的〕旁边"。② 「学校の中」は"学校里"。この"里"は"里边"から"边"が省略されたもの。「学校の中に…がある」は"学校里有…"。"一家便利店"は「1軒のコンビニ」。③ 「あまり…ではない」は"不太…"。「便利だ」は"方便"。④ "面条"は「うどん，めん類」。「〔食べ物が〕おいしい」は"好吃"。⑤ "又…又〜""…のうえに〜だ"を用いる。"漂亮"は「きれいだ，美しい」。"聪明"は「賢い」。

確認　(p.115)

1　① 学校　② 经济　③ 外国　④ 国际　交流
2　① 我有两个孩子。　② 一共有一百零八个学生。　③ 学校里有图书馆。　④ 食堂的饭菜很好吃。　⑤ 我常吃意大利面。

第四课
練習（1）　(p.119)

坐　离我家　走五分钟　第四站　要坐　就在　大约要　还要　所以　每天

練習（2）　(p.120)

1　① 汽车　② 地铁　③ 第四站　④ 每天　⑤ 走　⑥ 坐　⑦ 拥挤　⑧ 大约　⑨ 但是　⑩ 所以
2　① 我骑自行车上学。　② 学校离我家很远。　③ 我等十分钟。　④ 医院就在地铁站〔的〕前边。　⑤ 从家到火车站大约要四十分钟。

2の解説

① "骑自行车"の"骑"は「〔ウマや自転車にまたがって〕乗る」，"自行车"は「自転車」。「自転車で」は「自転車に乗って」と考える。「通学する」は"上学"。② 「私の家」は"我家"。「〔どこどこ〕から遠い」は"离…远"。"离"は隔たりを表す。③ 「10分間」は"十分钟"。"…分间"と言う場合は必ず"钟"をつける。"等"は「待つ」。"十分钟"は"等"の後ろに置く。④ 「医院」は「病院」。「地下鉄の駅」は"地铁站"。"すぐ"は"就"。副詞なので動詞の前に置く。「…の前にある」は"在…〔的〕前边"。⑤ 「…から〜まで」は"从…到〜"。"从"は出発点を表す。"火车站"は「鉄道の駅」。「お

よそ…かかる」は"大约要…"。"大约"は副詞。

確認　（p.121）
1　①　公共　②　后　再　③　相当　④　早
2　①　离家很近。　②　我从这儿走。　③　要二十分钟。　④　你还要什么？　⑤　我还没吃过。

第五课
練習（1）　（p.125）
刻　开始上课　第一节　第二节　分钟　一个小时　还有　最忙　天左右

練習（2）　（p.126）
1　①　早上　②　上午　③　中午　④　下午　⑤　傍晚　⑥　起床　⑦　休息　⑧　回家　⑨　洗澡　⑩　睡觉
2　①　我九点上班。　②　我五点半下班。　③　你晚上几点睡觉？　④　我们去餐厅吃午饭。　⑤　从机场到市中心要一个小时左右。

[2の解説]
①「9時に…する」は"九点…"。"上班"は「出勤する」。②「5時半に…する」は"五点半…"。"下班"は「仕事が終わる」。③"晚上"は「夜, 晩」。「何時に…するか」は"几点…"。「寝る」は"睡觉"。文末に"吗"は不要。④「私たち」は"我们"。"餐厅"は「レストラン」。「レストランに行く」は"去餐厅"。「昼ご飯を食べる」は"吃午饭"。⑤「…から～まで」は"从…到～"。「机场」は「空港, 飛行場」。「市の中心部」は"市中心"。「かかる」は"要"。「1時間」は"一个小时"。"小时"のかわりに"钟头"を用いてもよい。「…ぐらい」は"…左右"。"要一个小时左右"は"大约要一个小时"「およそ1時間かかる」としてもほぼ同義。

確認　（p.127）
1　①　开始　②　体育　③　会话　④　最　忙
2　①　明天星期五。　②　现在七点一刻。　③　我早上八点起床。　④　下午也有两节课。　⑤　我在东京呆一天。

第六课
練習（1）（p.131）
星期五　一个星期　四节　年轻　两位　星期二　星期四　打网球　星期六　有时候

練習（2）（p.132）
1　①　星期天　②　语法　③　便利店　④　两位　⑤　年轻　⑥　和蔼　⑦　有时候　⑧　打工　⑨　出去　⑩　逛街
2　①　从两点到三点半开会。　②　我教你日文的假名。　③　两位老师都很热情。　④　星期六我练习打排球。　⑤　星期天我哥哥经常出去兜风。

2の解説
①　「2時から3時半まで」は"从两点到三点半"。"开会"は「会議を開く，会議をする」。「会議がある」も"开会"でよい。②　「あなたに…を教える，教えてあげる」は"教你…"。"日文的假名"の"日文"は「日本語」，"假名"は「かな」。③　「2人の先生」は"两位老师"。「どちらも」は"都"を使う。「とても」は"很"。"热情"は「心がこもっている，親切だ」。"都""很"は副詞。④　「土曜日〔に〕」は"星期六"。"排球"は「バレーボール」。「…を練習する」は"练习…"。"排球"の前に"打"を置いて，"练习…"の"…"に入れる。⑤　「日曜日〔に〕」は"星期天"。"星期日"を用いてもよい。「私の兄」は"我哥哥"。「よく」は"经常"。"兜风"は「ドライブする」。「出かける」は"出去"。「ドライブに出かける」は「出かけてドライブする」と考えて"出去兜风"とする。

確認（p.133）
1　①　女　②　阅读　③　作文　④　练习　⑤　一般
2　①　我每天都打工。　②　他姓王。　③　她叫滨崎夏美。　④　中国老师是男的。　⑤　我练习踢足球。

第七课
練習（1）（p.137）
虽然　不太好　听音乐　唱歌　在家看　觉得　小时候　帮　我做的最好吃的

練習（2）　（p.138）
1　① 爱好　② 网球　③ 朋友　④ 电影　⑤ 听　⑥ 唱　⑦ 看　⑧ 帮　⑨ 做　⑩ 说
2　① 我的爱好是美术和书法。　② 我非常喜欢画画。　③ 我跟儿子一起打乒乓球。　④ 这是我女儿画的画。　⑤ 这张画是我女儿画的。

2の解説
① 「私の趣味は…である」は"我的爱好是…"。"美术""书法"は「美術」「書道」。「と」は"和"。② "画画"は「絵を描く」。前の"画"は動詞で「描く」, 後ろの"画"は名詞で「絵, 絵画」。「…するのが大好きだ」は「…するのが非常に好きだ」と考えて"非常喜欢…"とする。③ "儿子"は「息子」。「…と一緒に～する」は"跟…一起～"。"乒乓球"は「卓球, ピンポン」。「する」は「打」を用いる。④ 「これは…である」は"这是…"。"女儿"は「娘」。「私の娘」は"我女儿"。「私の娘が描いた絵」は「私の娘」「描く」「の」「絵」の順に中国語を並べる。⑤ "这张画"は「この絵」という意味で, "张"は紙や絵など平らな面を持った物を数える量詞。「この絵は…である」は"这张画是…"。「私の娘が描いたもの」は"我女儿画的"。"的"の後ろに「もの」が省略されている。

確認　（p.139）
1　① 非常　② 自己　③ 周末　④ 世界
2　① 我的爱好是打网球。　② 他说得不好。　③ 你跟谁一起走？　④ 我在家做蛋糕。　⑤ 这是我做的蛋糕。

第八课
練習（1）　（p.143）
最喜欢　特别　没吃过　常去　无论什么　比如　还　等等　都　有点儿

練習（2）　（p.144）
1　① 包子　② 汉堡包　③ 巧克力　④ 蛋糕　⑤ 草莓　⑥ 蔬菜　⑦ 西红柿　⑧ 甜　⑨ 辣　⑩ 无论
2　① 中国的馒头我没〔有〕吃过。　② 你喜欢的饮料是什么？　③ 日本的生鱼片是我最喜欢吃的。　④ 虾和螃蟹我都很喜欢〔吃〕。

⑤ 这个蔬菜有点儿苦。

2の解説

① "馒头"は「マントー，蒸しパン」。"中国的馒头"を主語として文頭に置く。「私は食べたことがない」は"我没〔有〕吃过"。"我没〔有〕吃过中国的馒头"としても正しい中国語になるが,「私は中国のマントーを食べたことがない」という意味になる。② 「あなた」「好き」「の」「飲み物」の順に中国語を並べて，これを主語にする。"饮料"は「飲み物」。「…は何であるか」は"…是什么"。"你喜欢喝什么饮料"としても正しい中国語になるが,「あなたはどんな飲み物を飲むのが好きか」という意味になる。③ "生鱼片"は「刺身」。「日本の刺身は…である」は"日本的生鱼片是…"。「私が一番好きな食べ物」は「私が一番食べるのが好きなもの」と考えて,「私」「一番」「好き」「食べる」「の」の順に中国語を並べて"我最喜欢吃的"とする。"的"の後ろに「もの」が省略されている。"我最喜欢吃日本的生鱼片"としても正しい中国語になるが,「私は日本の刺身を食べるのが一番好きだ」という意味になる。④"虾""螃蟹"は「エビ」「カニ」。「エビとカニは私はどちらも…」と考えて，"虾和螃蟹我都…"とする。「とても好きだ」は"很喜欢"。「食べるのが好きだ」と考えて"喜欢"の後ろに"吃"を置いてもよい。⑤ 「この野菜」は"这个蔬菜"。"苦"は「苦い」。「ちょっと苦い」は好ましくないことを表しているので，"有点儿"を"苦"の前に置く。

確認 (p.145)

1 ① 食物 ② 特別 ③ 有名 ④ 肉 鱼
2 ① 我喜欢吃甜的。 ② 我不喜欢吃辣的。 ③ 我喜欢的是汉堡包。 ④ 我不喜欢的是西红柿。 ⑤ 北京烤鸭是我最喜欢吃的。

第九课

練習（1） (p.149)

睡到 才 还在 买东西 比较暖和 给我买了 家 一会儿 一边喝 逛

練習（2） (p.150)

1 ① 才 ② 一起 ③ 一块儿 ④ 一会儿 ⑤ 买东西 ⑥

休息 ⑦ 聊天儿 ⑧ 暖和 ⑨ 手提包 ⑩ 超市
2 ① 我跟朋友一起参加比赛。〔我和朋友一块儿参加比赛。〕 ② 我喝了两杯咖啡。 ③ 爸爸给我买了一台笔记本电脑。 ④ 妈妈一边听音乐，一边做饭。 ⑤ 今天比较凉快。

2の解説
① 「友人」は"朋友"。「…と一緒に～する」は"跟…一起～"。"跟"のかわりに"和"を，"一起"のかわりに"一块儿"を用いてもよい。"参加"は「参加する」。「出席する，出場する」なども"参加"でよい。"比赛"は「試合」。 ② 「2杯のコーヒーを飲んだ」と考える。「2杯のコーヒー」は"两杯咖啡"。具体的に「2杯飲んだ」と言う場合は"喝了两杯…"。 ③ 「私に1台のノートパソコンを買った」と考える。「私に…を買う」は"给我买…"。「1台〔の〕」は"一台"。"笔记本电脑"の"笔记本"は「ノート」，"电脑"は「パソコン」。具体的に「1台買った」と言う場合は"买了一台…"。 ④ 「…しながら，～する」は"一边…, 一边～"。「音楽を聞く」は"听音乐"。"做饭"の"做"は「作る」，"饭"は「ご飯，食事」。 ⑤ 「割と」は"比较"。"凉快"は「涼しい」。"比较"は副詞。

確認　(p.151)
1 ① 日记 ② 简单 ③ 比较 ④ 路上 ⑤ 大型
2 ① 今天几月几号，星期几? ② 他还在休息。 ③ 我买了一条裤子。 ④ 他们去买东西了。 ⑤ 她又来了。

第十课
練習（1）　(p.155)
觉得　试试　呆了四天　亲眼看到　下一次　用汉语　还没　工作　都　继续努力

練習（2）　(p.156)
1 ① 梦想 ② 夏天 ③ 城市 ④ 工作 ⑤ 自己 ⑥ 呆〔待〕 ⑦ 做 ⑧ 看看 ⑨ 四天 ⑩ 下一次
2 ① 你觉得冷吗? ② 我想听〔一〕听中国流行歌的ＣＤ。 ③ 日本人也用筷子吃饭。 ④ 我希望将来当翻译。 ⑤ 我打算一个人生活。

2の解説

① "冷"は「寒い，冷たい」。「感じる」は"觉得"。② "流行歌"は「流行歌，ヒットソング」。「聞いてみる」は"听听"または"听一听"。「…したいと思う」は"想…"。③ 「…も」は"也"。"筷子"は「箸」。「箸で」は"用筷子"。「食事をする」は"吃饭"。④ "当翻译"の"当"は「…になる」，"翻译"は「通訳」。「…を希望する」は"希望…"で，"…"の部分に「将来通訳になる」にあたる中国語を入れる。⑤ 「一人暮らしをする」は「一人で生活する」と考える。「一人で…する」は"一个人…"。"生活"は「生活する」。「…するつもりだ」は"打算…"で，"…"の部分に「一人暮らしをする」にあたる中国語を入れる。

確認　(p.157)

1　①　能力　②　参观　③　具体　④　继续　学习
2　①　我想看看。　②　我在北京呆了两天。　③　我已经决定了。　④　我还没决定。　⑤　不管做什么，我都努力。

小辞典兼索引

　ここには本書に出てくる語をアルファベット順に並べました。品詞と意味のほか，用法に関する説明や【覚えておこう】に加えたことも読んで知識をふやしてください。意味の後ろにある［　］内の数字はその語が出てくる頁を示します。
　品詞の略号については，下のようになっています。

名	名詞	動	動詞
形	形容詞	代	代詞〔代名詞など〕
疑	疑問詞	副	副詞
数	数詞	量	量詞〔助数詞〕
方	方位詞	介	介詞〔前置詞〕
助動	助動詞	助	助詞
接	接続詞	数量	数量詞
感	感嘆詞	接頭	接頭辞

A

àihào 爱好　名　趣味。愛好するもの。[134]【覚えておこう】"好"の字は普通"hǎo"と発音しますが,「好む」という意味の場合は"hào"と発音します。しかし,一般に「…が好きだ」と言う場合には"好 hào"ではなく,"喜欢 xǐhuan"を用います。

B

bā 八　数　8。[46][104]

bǎ 把　量　握って使う物を数える。[73]"一把雨伞"は「1本の雨傘」。"一把钥匙"は「1本の鍵」。"一把椅子"は「1脚の椅子」。

bàba 爸爸　名　父。お父さん。[18][40][104]

bǎi 百　数　百。[60][110]"一百"は「100」。【覚えておこう】「200」は普通"二百"ですが,"两百"と言うこともあります。

bàn 半　数　半。半分。[52][122]"三点半"は「3時半」。

bāng 帮　動　助ける。手伝う。[134]【覚えておこう】日本の漢字に改めると「幇」。"帮助 bāngzhù"と言うこともあります。

bàngōngshì 办公室　名　事務室。[38]

bàngqiú 棒球　名　野球。[130]

bàngwǎn 傍晚　名　夕方。[122]

bāozi 包子　名　中華饅頭。[140]

bāyuè 八月　名　8月。[46]

bēi 杯　名　コップ。コップに入れた飲み物を数える。[90][150]"一杯红茶"は「1杯の紅茶」。【覚えておこう】「コップ,グラス」のことは普通"杯子 bēizi"と言います。

běibian 北边　方　北。北側。[36]

Běijīng 北京　名　北京。[98]

Běijīng kǎoyā 北京烤鸭　北京ダック。アヒルを丸焼きにした中国料理の名前。[140]【覚えておこう】"烤"は「〔火で〕あぶる」。"鸭"は"鸭子 yāzi"「アヒル」。

běn 本　量　冊。書物を数える。[44][58]"一本书"は「1冊の本」。"两本书"は「2冊の本」。"这本书"は「この本」。

bǐ 笔　名　ペン。[58]【覚えておこう】日本の漢字に改めると「筆」。

biànlì 便利　形　便利だ。[112]＝"方便 fāngbiàn"

biànlìdiàn 便利店　名　コンビニエンスストア。コンビニ。[114][128]"一家便利店"は「1軒のコンビニ」。

biǎo 表　名　〔小さな〕時計。[55]【覚えておこう】「腕時計」は"手表 shǒubiǎo"。

bǐjiào 比较　動　比較する。比べる。　副　比較的。割と。[146]

bǐjìběn 笔记本　名　ノート。[150]"笔记本电脑"は「ノートパソコン」。【覚えておこう】"笔记"は日本の漢字に改めると「筆記」。

bīngjīlíng 冰激凌　名　アイスクリーム。[140]【覚えておこう】"冰"「氷」が"ice"の意味で，"激凌"の部分が"cream"の音訳とされています。

Bīnqí Xiàměi 滨崎夏美　浜崎夏美（はまさきなつみ）。日本人の氏名。[6][28][98]

bǐrú 比如　動　例えば。[104]"比如…等等"は「例えば…など」。

bǐsài 比赛　名　試合。コンテスト。[150]。

bízi 鼻子　名　鼻。[85]

bōluó 菠萝　名　パイナップル。[140]

bówùguǎn 博物馆　名　博物館。[38]

bù 不　副　…でない。…しない。[10][22][30][100][134]"不是"は「…ではない」。"不贵"は「〔値段が〕高くない」。"不吃"は「食べない」。【覚えておこう】後ろに第4声が続く時，第2声"bú"に変調します。

bù'ān 不安　形　不安だ。[152]

bùguǎn 不管　接　…にかかわらず。[152]"不管…都～"は「…にかかわらず～」。

C

cái 才　副　やっと。ようやく。[146]【覚えておこう】"才"には「才能」という意味もあります。日本語では年齢を表して「20才」と書くことがありますが，中国語の"才"は年齢を表しません。「20歳」は中国語では"岁 suì"を用いて"二十岁"と言います。

cài 菜　名　料理。おかず。[20][142]

cānguān 参观　動　参観する。見学する。[152]

cānjiā 参加　動　参加する。出席する。出場する。[80][104][150]"参加比赛"は「試合に出場する」。

cānkǎoshū 参考书　名　参考書。[70]"一本参考书"は「1冊の参考書」。

cāntīng 餐厅　名　レストラン。[126]

cāochǎng 操场　名　運動場。グラウンド。[112] ＝"运动场 yùndòngchǎng"

cǎoméi 草莓　名　イチゴ。[140]

ＣＤ　名　ＣＤ。"compact disc"の略。[156]

chá 茶　名　お茶。[91] "一杯茶"は「1杯のお茶」。

chà 差　動　欠ける。足りない。[54] "差十分"は「10分前」。

cháng 常　副　よく。しばしば。しょっちゅう。[110] ＝"常常"

chàng 唱　動　歌う。[134] "唱歌"は「歌を歌う」。"唱卡拉ＯＫ"は「カラオケをする」。

chángcháng 常常　副　よく。しばしば。しょっちゅう。[134]

Chángchéng 长城　名　万里(ばんり)の長城(ちょうじょう)。[152]【覚えておこう】正式には"万里 Wànlǐ 长城"。

chǎofàn 炒饭　名　チャーハン。[90]【覚えておこう】"炒"は「〔油で〕いためる」。

chāojí 超级　形　特級の。スーパー…。[38] "超级市场"は「スーパーマーケット」。

chāoshì 超市　名　スーパーマーケット。[146]【覚えておこう】"超级市场 chāojí shìchǎng"を縮めた言い方です。

chéngshì 城市　名　都市。[152]

chēzhàn 车站　名　停車場。停留場。バス停。[86]

chī 吃　動　食べる。[28][110]【覚えておこう】日本の漢字に改めると「喫」。日本語では「喫茶」「満喫」などの意味で使います。

chībulái 吃不来　動　食べ慣れない。口に合わない。[140]

chīfàn 吃饭　動　食事をする。[92][148]【覚えておこう】この"饭"は「ご飯, 食事」という意味です。

chōu 抽　動　吸う。[80] "抽烟"は「タバコを吸う」。【覚えておこう】"吸 xī"と言うこともあります。

chuáng 床　名　ベッド。[118]【覚えておこう】量詞"张 zhāng"で数えます。平らな面を持っているからです。"一张床"は「1台のベッド」。

chūfā 出发　動　出発する。[50][84]

chūmén 出门　動　外出する。家を出る。[116]【覚えておこう】"门"は日本の漢字に改めると「門」。

chūqu 出去　動　出かける。[128]

chūzhōng 初中　名　中学。[105]【覚えておこう】"初级中学 chūjí zhōngxué"を縮めた言い方です。

cì 次　量　回。度。[152]"一次"は「1回」。"两次"は「2回」。"上一次"は「前回」。"下一次"は「次回」。

cídiǎn 词典　名　辞書。辞典。[8]【覚えておこう】"词"は「単語」という意味です。

cóng 从　介　…から。出発点や起点を表す。[84][116]"从这儿出发"は「ここから出発する」。"从八点开始"は「8時から開始する」。"从家到学校"は「家から学校まで」。【覚えておこう】日本の漢字に改めると「従」。

cōngming 聪明　形　賢い。聡明だ。[112]【覚えておこう】"cōngmíng"と発音することもあります。

D

dǎ 打　動　①打つ。〔手で打つ球技を〕する。[68][128]"打网球"は「テニスをする」。②〔電話を〕かける。[78][130]"打电话"は「電話をかける」。

dà 大　形　①大きい。[110]②歳をとっている。[52]

dǎgōng 打工　動　アルバイトをする。[46][128]

dāi 呆　動　とどまる。滞在する。[124][152]

dāi 待　動　とどまる。滞在する。[153]＝"呆dāi"

dàjiā 大家　代　みんな。みなさん。[98]"大家好"は「みなさん，こんにちは」。

dàmǎhǎyú 大马哈鱼　名　サケ。サーモン。[140]【覚えておこう】"马""鱼"は日本の漢字に改めると「馬」「魚」。"大麻哈鱼 dàmáhǎyú"とも言います。

dāng 当　動　…になる。[156]"当翻译"は「通訳になる」。

dàngāo 蛋糕　名　ケーキ。[134]

dāngrán 当然　副　当然。もちろん。[76]

dāngshí 当时　名　当時。その時。[152]

dànshì 但是　接　しかし。[98]

dào 到　動　着く。至る。…まで。[116]"走五分钟就到"は「5分歩けばすぐに着く」。"从家到学校"は「家から学校まで」。【覚えておこう】"从…到〜""…から〜まで"の"到"は動詞としての意味がそれほど強くありません。

Dàoyuán 稲垣　名　稲垣(いながき)。日本人の姓。[4][128]"稲垣老师"は「稲垣先生」。

dǎsuan 打算　動　…するつもりだ。[64][98]"打算去"は「行くつもりだ」。
【覚えておこう】"dǎsuàn"と発音することもあります。

dàxíng 大型　形　大型の。[146]"大型超市"は「大型スーパー〔マーケット〕」。

dàxué 大学　名　大学。[84][98]

dàxuéshēng 大学生　名　大学生。[8][10]

dàyuē 大约　副　大体。およそ。[116]"大约要五十分钟"は「およそ50分かかる」。

de 的　助　①…の。名詞を修飾する語句を作る。[16][98][110][134] "我的行李"は「私の荷物」。"很大的运动场"は「とても大きなグラウンド」。"我做的蛋糕"は「私が作るケーキ，私が作ったケーキ」。【覚えておこう】日本語の「の」ほど多用されません。"我爸爸"「私の父」のように前の語が人称代名詞で後ろの語が親族の場合や，"我们学校"「私たちの学校」のように前の語が人称代名詞で後ろの語が所属先の場合には一般に"的"を用いません。また，"中国学生"「中国の学生」のように前の語が後ろの語の類別を表す場合にも"的"を用いません。②…のもの。[16][98][110][129][140] "我的"は「私のもの」。"文学系的"は「文学部の者」。"最多的"は「一番多い者」。"男的"は「男〔の人〕」。"最喜欢的"は「一番好きなもの」。"辣的"は「辛いもの」。【覚えておこう】"的"の後ろには「もの」「こと」「人」が省略されることがあります。

de 得　助　"動詞+得+形容詞"で「…の仕方が～だ」。[134]"打得不太好"は「〔テニスなど球技の〕仕方があまり上手ではない」。

děng 等　動　待つ。[86][120]"等你"は「あなたを待つ」。"等十分钟"は「10分間待つ」。助　…など。[110] = "等等"

děngděng 等等　助　…など。[104]

dì 第　接頭　第…。…番目。[98][116][122]"第一课"は「第1課」。"第四站"は「4番目の駅」。"第二节"は「2時限目〔の授業〕」。

diǎn 点　量　時(じ)。時刻を表す。[52][122]"几点"は「何時」。"一点"は「1時」。"两点"は「2時」。【覚えておこう】"…時"は後ろに"钟 zhōng"を加えて"…点钟"と言うこともあります。

diànhuà 电话　名　電話。[78][130]

diànnǎo 电脑　名　コンピュータ。パソコン。[4][104]【覚えておこう】日本の漢字に改めると「電脳」。

diǎnr 点儿　量　少し。ちょっと。[116]"早点儿"は「少し早く、早めに」。="一点儿 yìdiǎnr"

diànshì 电视　名　テレビ。[30][148]【覚えておこう】日本の漢字に改めると「電視」。

diànyǐng 电影　名　映画。[68][134]【覚えておこう】"电"は日本の漢字に改めると「電」。

diànyǐngyuàn 电影院　名　映画館。[134]【覚えておこう】"电影"は「映画」。"电"は日本の漢字に改めると「電」。

diànzǐ 电子　名　電子。[8][104]"电子词典"は「電子辞書」。"电子邮件"は「電子メール，Ｅメール」。【覚えておこう】"电子词典"は"电子辞典"と書くこともあります。

dìdi 弟弟　名　弟。[44]

dìtiě 地铁　名　地下鉄。[116]

dìtiězhàn 地铁站　名　地下鉄の駅。[116]【覚えておこう】"地铁"は「地下鉄」。

dōngbian 东边　方　東。東方。[36]

Dōngjīng 东京　名　東京。[36][104]

dōngxi 东西　名　物。品物。[30][108][146]"买东西"は「物を買う，買い物をする」。【覚えておこう】"东西"にはもちろん「東西（とうざい）」という意味もありますが，その場合は"dōngxī"と発音します。

dōu 都　副　すべて。みな。どちらも。[10][98]【覚えておこう】２つのものに対しても使えますが，その場合は「どちらも」と訳すといいでしょう。"每""无论"などを受けて用いられることがあります。"每天都…"は「毎日…」。"无论什么…都〜"は「何でもすべて〜」。"都市 dūshì""首都 shǒudū"の場合は"dū"と発音します。

dōufēng 兜风　動　ドライブする。[132]【覚えておこう】"风"は日本の漢字に改めると「風」。

dòushābāo 豆沙包　名　あんまん。〔日本の〕饅頭。[140]【覚えておこう】"豆沙"は「アズキのあん」。"沙"には「つぶしてこねたもの」という意味があります。

duǎnxìn 短信　名　ショートメール。〔携帯電話の〕メール。[76]【覚えて

おこう】"信"は「手紙」。

duō 多　形　多い。[110]　副　多めに。いろいろ。[98] "多多"は強意形。　疑　どれくらい。[52] "多大"は「何歳」。

duōshao 多少　疑　いくつ。どれくらい。数を尋ねる。[58] "多少钱"は「〔値段が〕いくら」。"多少学生"は「何人の学生」。【覚えておこう】"多少〔个〕学生"「何人の学生」では，量詞"个 ge"を省略できます。

dúshēngnǚ 独生女　名　一人娘。[41]【覚えておこう】この"女"は「女」ではなく，「娘」という意味です。

dúshēngzǐ 独生子　名　一人息子。[40]【覚えておこう】この"子"は軽声ではありません。また，「子ども」ではなく，「息子」という意味です。

ＤＶＤ　名　ＤＶＤ。"digital versatile〔video〕disc"の略。[134]

E

è 饿　形　空腹だ。[26]【覚えておこう】日本の漢字に改めると「餓」。

èr 二　数　2。[43][48][52][98] "二号"は「2日」。"二年级"は「2年生」。【覚えておこう】「2番目」という意味です。

ěrduo 耳朵　名　耳。[85]

érhuà 儿化　名　アル化。[35]

èryuè 二月　名　2月。[48][146]

érzi 儿子　名　息子。[138]【覚えておこう】"儿"は日本語の漢字に改めると「児」。

F

fā 发　動　発送する。送る。出す。[76][104] "发短信"は「〔携帯〕メールを送る」。【覚えておこう】この"发"は日本の漢字に改めると「発」。"理发 lǐfà"「理髪する」や"头发 tóufà"「頭髪」の"发"は日本の漢字に改めると「髪」。発音も異なります。

fàn 饭　名　ご飯。食事。[78][89][150] "做饭"は「ご飯を作る」。"一碗饭"は「1杯のご飯」。【覚えておこう】"一碗饭"の"饭"は"米饭 mǐfàn"「米の飯」を指します。

fàncài 饭菜　名　ご飯とおかず。食事。[110] "食堂的饭菜"は「食堂のメニュー」。【覚えておこう】"菜"は「料理，おかず」。

fāngbiàn 方便　形　便利だ。[110]

fāngbiànmiàn 方便面　名　インスタントラーメン。[68]【覚えておこう】"方便"は「便利だ」。

fānqié 番茄　名　トマト。[142] ="西红柿 xīhóngshì"

fānyì 翻译　動　翻訳する。通訳する。　名　通訳。[156]

fāyīn 发音　名　発音。[98]

fēicháng 非常　副　非常に。[22][110]"非常便宜"は「非常に安い」。"非常方便"は「非常に便利だ」。

fēn 分　量　①分。時刻の単位。[52][116]"两点二十分"は「2時20分」。"五分钟"は「5分間」。　②分。中国の貨幣の単位。0.01元。[60]

fùmǔ 父母　名　父母。両親。[22][104]【覚えておこう】「父親」は"父亲 fùqīn"。「母親」は"母亲 mǔqīn"。

fùqīn 父亲　名　父親。[23]【覚えておこう】"爸爸 bàba"より硬い言葉です。"fùqin"と発音することもあります。

G

gālífàn 咖喱饭　名　カレーライス。[110]【覚えておこう】"咖喱"は英語の"curry"の音訳語です。"咖"の字を"gā"と発音します。"咖啡 kāfēi"「コーヒー」では"kā"と発音します。

gǎndòng 感动　動　感動する。[152]

gāoxìng 高兴　形　嬉しい。楽しい。[26][98]【覚えておこう】"兴"は日本の漢字に改めると「興」。"兴"の字は"兴奋 xīngfèn"「興奮する」の場合は"xīng"と発音します。

gāozhōng 高中　名　高校。[20][104]【覚えておこう】"高级中学 gāojí zhōngxué"を縮めた言い方です。

gē 歌　名　歌。[134]

ge 个　量　物や人を数える。[40][105][110]"一个哥哥"は「1人の兄」。"两个系"は「2つの学部」。【覚えておこう】日本の漢字に改めると「個」。"一个"は"yí ge"と発音します。"个"がもともと第4声"gè"だからです。"gè"と強く発音することもあります。

gēge 哥哥　名　兄。[40][104]

gěi 给　動　与える。[70]"给你"は「あなたにあげる」。"给我"は「私にくれる」。【覚えておこう】"给你礼物"は「あなたにプレゼントをあげる」。"给"は目的語を2つ取れる動詞です。　介　〔誰々〕に。[76][146]

"给你发短信"は「あなたに〔携帯〕メールを送る」。"给你买"は「あなたに買ってあげる」。"给我买"は「私に買ってくれる」。

gēn 跟　介　…と。[134]　"跟…一起～"は「〔誰々〕と一緒に～する」。

gōnggòng 公共　形　公共の。[116]　"公共汽车"は「バス」。

gōngsī 公司　名　会社。[82] [104]　"一家公司"は「ある会社」。

gōngyuán 公园　名　公園。[34]

gōngzī 工资　名　給料。賃金。[62]

gōngzuò 工作　動　働く。[82] [99]　名　仕事。[152]　"做工作"は「仕事をする」。

guàng 逛　動　ぶらつく。[146]

guàngjiē 逛街　動　街をぶらつく。[128]

Guǎngzhōu 广州　名　広州(こうしゅう)。広東(カントン)省の省都。[152]

guānzhào 关照　動　面倒をみる。[98]　"请多关照"は「どうぞよろしくお願いします」。【覚えておこう】"关"は日本の漢字に改めると「関」。

Gùgōng 故宫　名　故宫(こきゅう)。明(みん)・清(しん)時代の皇帝の皇居。故宫博物院として開放されている。[152]

guì 贵　形　〔値段が〕高い。[22]

guìxìng 贵姓　名　お名前。相手の姓を丁寧に尋ねる時に用いる。[28]

guó 国　名　国。[10]　"哪国人"は「どの国の人」。【覚えておこう】「国,国家」という意味で単独で使う場合は"国家 guójiā"と言います。

guo 过　助　…したことがある。[82] [98]　"去过"は「行ったことがある」。【覚えておこう】否定する時は"…过"の前に"没〔有〕"を置きます。"没〔有〕去过"は「行ったことがない」。

guójì 国际　名　国際〔的〕。[110]　"国际交流"は「国際交流」。

H

hái 还　副　①〔そのほかに〕まだ。さらに。[116] [122] [140]　"还要七八分钟"は「さらに7〜8分かかる」。"还有…"は「さらに…がある,それから…」。　②まだ。依然として。[88] [98]　"还没〔有〕来"は「まだ来ていない」。"还没〔有〕去过"は「まだ行ったことがない」。【覚えておこう】日本の漢字に改めると「還」。「返す」という意味の動詞の場合は"huán"と発音します。"还书 shū"は「本を返す」。

háizi 孩子　名　子ども。[111]

hànbǎobāo 汉堡包　名　ハンバーガー。[28][140]【覚えておこう】"汉堡"は「ハンブルク」という地名に由来します。

Hánguó 韩国　名　韓国。[110]

Hánguórén 韩国人　名　韓国人。[14]

Hánguóyǔ 韩国语　名　韓国語。[74]

hánjià 寒假　名　冬休み。[68]

Hànyǔ 汉语　名　中国語。[14][18][70][98]"汉语课本"は「中国語のテキスト」。【覚えておこう】日本の漢字に改めると「漢語」。厳密には「漢民族の言語」という意味です。

hǎo 好　形　①よい。上手だ。立派だ。[134]　②元気だ。健康だ。[22][98]

hào 号　名　日。[46][146]"几号"は「何日」。"一号"は「1日」。"二号"は「2日」。【覚えておこう】書き言葉では"日 rì"を使うこともあります。

hǎochī 好吃　形　〔食べ物が〕おいしい。[26][110]【覚えておこう】"吃"は「食べる」。

hǎohē 好喝　形　〔飲み物が〕おいしい。[112]【覚えておこう】"喝"は「飲む」。

hē 喝　動　飲む。[28][146]

hé 和　接　…と…。[40][98]"爸爸、妈妈、哥哥和我"は「父，母，兄と私」。"发音和语法"は「発音と文法」。　介　…と。[146][152]"和…一起~"は「〔誰々〕と一緒に~する」。"和中国人交流"は「中国人と交流する」。＝"跟 gēn"

hé 河　名　川。[13]【覚えておこう】量詞"条 tiáo"で数えます。"一条河"は「1本の川」。

hé'ǎi 和蔼　形　優しい。穏やかだ。[128]

hémù 和睦　形　仲むつまじい。仲が良い。[104]

hěn 很　副　とても。[22][98][135]"很好"は「とても元気だ」「とてもよい，とても上手だ」。"很高兴"は「とても嬉しい」。

hóngchá 红茶　名　紅茶。[90]

hòu 后　方　後ろ。あと。[116][122]"下车后"は「下車したあと」。"下课后"は「授業が終わったあと」。【覚えておこう】"后"は日本の漢字に改めると「後」。

hòubian 后边　方　後ろ。後方。[36]【覚えておこう】"后面 hòumian"と

言うこともあります。"后"は日本の漢字に改めると「後」。

hòutiān 后天　名　明後日。[50] [76]【覚えておこう】"后"は日本の漢字に改めると「後」。

huā 花　名　花。[18]【覚えておこう】"花"には「〔お金や時間を〕費やす」という動詞の意味もあります。

huà 画　動　描く。[138]　名　絵。絵画。[138] "画画"は「絵を描く」。"这张画"は「この絵」。【覚えておこう】"画画"「絵を描く」は前の"画"が「描く」という意味の動詞で，後ろの"画"が「絵，絵画」という意味の名詞です。"画一张画"は「1枚の絵を描く」。

huábīng 滑冰　動　スケートをする。[72]【覚えておこう】日本の漢字に改めると「滑氷」。

huànchéng 换乘　動　〔…に〕乗り換える。[116]

huánggua 黄瓜　名　キュウリ。[31]【覚えておこう】"huángguā"と発音することもあります。

huānyíng 欢迎　動　歓迎する。[142]

huáxuě 滑雪　動　スキーをする。[72]

huí 回　動　帰る。[50] "回日本"は「日本に帰る」。【覚えておこう】「1回」「2回」の「回」という量詞の意味もあります。

huì 会　助動　〔技術を身につけて〕…することができる。[70] [104] "会说汉语"は「中国語を話すことができる」。

huìhuà 会话　名　会話。[122]

huíjiā 回家　動　帰宅する。[56] [122]【覚えておこう】"回"は「帰る」。"回国 huíguó"は「帰国する」。

huǒchē 火车　名　汽車。[67]

huǒchēzhàn 火车站　名　鉄道の駅。[120]【覚えておこう】"火车"は「汽车」。

huódòng 活动　名　活動。[104]

hùzhào 护照　名　パスポート。[44]【覚えておこう】"护"は日本の漢字に改めると「護」。

J

jǐ 几　疑　いくつ。数を尋ねる。[40] [46] [52] [105] "几口人"は「何人家族」。"几月几号"は「何月何日」。"星期几"は「何曜日」。"几点"

は「何時」。【覚えておこう】日本の漢字に改めると「幾」。大きくない数を尋ねる疑問詞です。"几个人""何人の人"はそれほど多くない人数を尋ねています。量詞"个 ge"は省略できません。

jì 记 動 記す。記録する。[146]"记日记"は「日記をつける」。【覚えておこう】「覚える，記憶する」という意味もあります。

jiā 家 名 家。家庭。[18][40][104]"我〔的〕家"は「私の家」。 量 商店や会社を数える。[82][114][146]"一家公司"は「ある会社」。"一家便利店"は「1軒のコンビニ」。"一家咖啡馆"は「1軒の喫茶店」。

jiǎmíng 假名 名 〔日本語の〕かな文字。[132]【覚えておこう】この"假"は日本の漢字に改めると「仮」で，"jiǎ"と発音します。"暑假 shǔjià""夏休み」の"假"は"jià"と発音します。

jiàn 见 動 会う。面会する。[84]

jiǎndān 简单 形 簡単だ。[146]

jiàndào 见到 動 〔誰々に〕会う。[99]

jiǎng 讲 動 話す。言う。[71][105] = "说 shuō"【覚えておこう】日本の漢字に改めると「講」。

jiānglái 将来 名 将来。[152]

jiànkāng 健康 形 健康だ。[104]

jiāo 教 動 教える。[70][104]【覚えておこう】"教你"は「あなたに教える」。"教汉语"は「中国語を教える」。"教你汉语"は「あなたに中国語を教える」。"教"は目的語を2つ取れる動詞です。

jiǎo 角 量 角。0.10元。中国の貨幣の単位。[59] = "毛 máo"

jiǎo 脚 名 足。[85]【覚えておこう】くるぶしから下の部分を指します。くるぶしから上の部分は"腿 tuǐ"と言います。

jiào 叫 動 …という名前である。[28][98]"叫滨崎夏美"は「浜崎夏美という名前である」。

jiāoliú 交流 動 交流する。[110]

jiāotōng 交通 名 交通。[110]

jiàoxuélóu 教学楼 名 教室棟。教室のある建物。[116]【覚えておこう】"教"の字を"jiào"と発音します。「教える」という意味の動詞の場合は"jiāo"と発音します。

jiǎozi 饺子 名 ギョーザ。[66]【覚えておこう】一般に"水饺 shuǐjiǎo"「水ギョーザ，ゆでギョーザ」を指します。「焼きギョーザ」は"锅贴儿

guōtiēr" と言います。

jiātíng 家庭　名　家庭。［104］

jīchǎng 机场　名　空港。飛行場。［126］【覚えておこう】日本の漢字に改めると「機場」。"飞机场 fēijīchǎng" と言うこともあります。"飞机" は「飛行機」。

jié 节　量　コマ。授業を数える。［122］"一节课" は「1コマの授業」。"第一节课" は「1時限目の授業」。【覚えておこう】日本の漢字に改めると「節」。

jiēdào 街道　名　大通り。街。［104］

jiéhūn 结婚　動　結婚する。［90］［104］

jiějie 姐姐　名　姉。［44］［105］

jiěmèi 姐妹　名　姉妹。姉と妹。［40］【覚えておこう】「姉」は "姐姐 jiějie"。「妹」は "妹妹 mèimei"。

jiēshang 街上　名　街。通り。［146］

jièshào 介绍　動　紹介する。［98］

jìn 近　形　近い。［82］［116］

jīngcháng 经常　副　よく。しばしば。しょっちゅう。［104］

jīngjì 经济　名　経済。［102］［110］

jīngjù 京剧　名　京劇。中国の伝統劇。［86］

jīnnián 今年　名　今年。［52］［98］

jīnqiāngyú 金枪鱼　名　マグロ。［140］

jīntiān 今天　名　今日。［46］［146］

jiǔ 九　数　9。［47］［122］

jiǔ 酒　名　酒。［18］［91］"一杯酒" は「1杯の酒」。

jiù 就　副　すぐ。すぐに。［34］［116］"就在那儿" は「すぐそこにある」。"走五分钟就到" は「5分歩けばすぐに着く」。

jiùyè 就业　動　就職する。［122］"就业指导" は「就職ガイダンス」。【覚えておこう】"就业指导" は日本の漢字に改めると「就業指導」。

jìxù 继续　動　続ける。継続する。［152］

juéde 觉得　動　感じる。〔感じて〕…と思う。［134］［152］"觉得麻烦" は「面倒に感じる」。"觉得不安" は「不安に感じる」。【覚えておこう】"觉" の字を "jué" と発音します。"睡觉 shuìjiào"「眠る」では "jiào" と発音します。

juédìng 决定　動　決める。決定する。［152］

jùtǐ 具体　形　具体的だ。［152］

K

kǎ 卡　名　カード。［16］【覚えておこう】英語の"card"の音訳語です。

kāfēi 咖啡　名　コーヒー。［30］［112］［146］【覚えておこう】英語の"coffee"の音訳語です。日本語の漢字では「珈琲」と書いています。

kāfēiguǎn 咖啡馆　名　喫茶店。［146］"一家咖啡馆"は「1軒の喫茶店」。【覚えておこう】"咖啡"は「コーヒー」。"馆"は日本の漢字に改めると「館」。

kāichē 开车　動　〔車を〕運転する。［74］【覚えておこう】日本の漢字に改めると「開車」。"开"には機械を「動かす」という意味があります。

kāihuì 开会　動　会議を開く。会議をする。［132］

kāishǐ 开始　動　開始する。始める。始まる。［84］［122］"开始上课"は「授業を始める，授業が始まる」。

kǎlā-OK 卡拉OK　名　カラオケ。［134］【覚えておこう】日本語から中国語に取り入れられた言葉です。「オケ」は英語の"orchestra"から来ていると言われています。

kàn 看　動　見る。〔本や新聞を声を出さずに〕読む。［30］［134］［152］"看电视"は「テレビを見る」。"看书"は「本を読む」。"看〔一〕看"は「ちょっと見る，見てみる」。

kàndào 看到　動　〔…を〕目にする。［152］

kě 可　接　しかし。［134］="可是"

kè 刻　量　15分。［54］［122］"三点一刻"は「3時15分」。【覚えておこう】"一刻"「15分」と"三刻"「45分」しか用いません。

kè 课　名　①〔教科書の〕課。［98］"第一课"は「第1課」。"第二课"は「第2課」。②授業。［122］"两节课"は「2コマの授業」。

kèběn 课本　名　テキスト。教科書。［14］［18］

kělè 可乐　名　コーラ。［28］【覚えておこう】英語の"cola"の音訳語です。"乐"は日本の漢字に改めると「楽」。

kèren 客人　名　客。［129］【覚えておこう】"kèrén"と発音することもあります。

kěshì 可是　接　しかし。［116］="但是 dànshì"

kěyǐ 可以　助動　…してもよい。［76］"可以发短信"は「〔携帯〕メールを送ってもよい」。"当然可以"は「もちろんよい」。【覚えておこう】"可以

…吗」「…してもいいか」と尋ねられて，「だめだ」と答える場合は"不可以"よりも"不行 xíng"が多用されます。

kǒu 口　量　家族の人数を数える。[40][104]"四口人"は「4人家族」。

kǔ 苦　形　苦い。[144]

kuài 块　量　元。中国の貨幣の単位。[58]"一块〔钱〕"は「1元」。"两块〔钱〕"は「2元」。【覚えておこう】"元 yuán"は書き言葉で，話し言葉では"块"を用います。

kuài 快　形　〔速度が〕速い。[135]

kuàicāndiàn 快餐店　名　ファーストフード店。[140]【覚えておこう】"快"は「速い」。

kuàizi 筷子　名　箸。[156]【覚えておこう】「1膳の箸」は量詞"双 shuāng"を用いて"一双筷子"と言います。

kùzi 裤子　名　ズボン。[148]"一条裤子"は「1本のズボン」。

L

là 辣　形　辛い。[140]

lái 来　動　来る。[36][76][154]"来日本"は「日本に来る」。

lāmiàn 拉面　名　ラーメン。[88]【覚えておこう】"拉"は「引く，引っ張る」。

lǎohǔ 老虎　名　トラ。[17]【覚えておこう】量詞"只 zhī"で数えます。"一只老虎"は「1頭のトラ」。この"老"は「歳をとっている」という意味ではなく，ごく一部の動植物名に用いられる接頭辞です。

lǎoshī 老师　名　先生。[4][104]【覚えておこう】この"老"は「歳をとっている」という意味ではなく，尊敬を表します。"师"は日本の漢字に改めると「師」。

lǎoshǔ 老鼠　名　ネズミ。[17]【覚えておこう】量詞"只 zhī"で数えます。"一只老鼠"は「1匹のネズミ」。この"老"は「歳をとっている」という意味ではなく，ごく一部の動植物名に用いられる接頭辞です。

le 了　助　①…した。…している。[88][106][146]"昨天来了"は「昨日来た」。"已经来了"は「すでに来た，すでに来ている」。"吃了什么"は「何を食べたか」。【覚えておこう】否定する時は動詞の前に"没〔有〕"を置きます。"了"はなくなります。"没〔有〕来"は「来なかった，来ていない」。　②…になった。[24]"怎么了"は「どうなったか，どう

したのか」。　③きっぱりと言い切る語気を表す。"太…了"で「たいへん…だ」。[70]"太谢谢你了"は「どうもありがとう」。

lèi 累　形　疲れている。[26]

lěng 冷　形　寒い。冷たい。[156]

lí 离　介　…から。隔たりを表す。[82][116]"离家远"は「家から遠い」。【覚えておこう】日本の漢字に改めると「離」。"离…"の後ろに最もよく使われる形容詞は"远"「遠い」と"近"「近い」です。

Lǐ 李　名　李。中国人の姓。[32]

li 里　方　中。[42][104]"公园里"は「公園の中」。"家里"は「家の中」。="里边"【覚えておこう】"lǐ"と強く発音することもあります。この"里"や"里边"の"里"は「さと」という意味ではありません。日本の漢字に改めると「裏」となりますが、中国語では「うら」ではなく「中」という意味です。

liǎn 脸　名　顔。[85]

liǎng 两　数　2つ。[42][52][110][122]"两台电脑"は「2台のパソコン」。"两个苹果"は「2個のリンゴ」。"两点"は「2時」。"两节课"は「2コマの授業」。【覚えておこう】日本の漢字に改めると「両」。"两"は「2つ」という意味で、"二"は「2番目」という意味です。

liángkuai 凉快　形　涼しい。[150]

liànxí 练习　動　練習する。[128]

liáotiānr 聊天儿　動　世間話をする。雑談する。[146]

lǐbian 里边　方　中。[34]【覚えておこう】"里面 lǐmiàn"と言うこともあります。

líng 零　数　零。ゼロ。[58][110]"一百零五"は「105」。"一千零五"は「1005」。"一千零五十"は「1050」。

liù 六　数　6。[47][110]

liúxínggē 流行歌　名　流行歌。ヒットソング。[156]

liúxué 留学　動　留学する。[102]"去中国留学"は「中国に行って留学する、中国留学に行く」。

liúxuéshēng 留学生　名　留学生。[14][110]

lǐwù 礼物　名　プレゼント。[72]【覚えておこう】量詞"件 jiàn"で数えます。"一件礼物"は「1つのプレゼント」。

lǜchá 绿茶　名　緑茶。[66]

193

luóbo 萝卜　名　ダイコン。［31］

lùshang 路上　名　路上。道中。［146］"回家的路上"は「家に帰る途中」。

lǚxíng 旅行　動　旅行する。［68］［98］"去旅行"は「行って旅行する，旅行に行く」。"去北京旅行"は「北京に行って旅行する，北京旅行に行く」。

lǚyóuxié 旅游鞋　名　スニーカー。［92］【覚えておこう】「1足のスニーカー」は量詞"双 shuāng"を用いて"一双旅游鞋"と言います。"旅游"は「観光する，旅行する」。

M

ma 吗　助　…か。疑問の語気を表す。［10］［22］"是吗"は「そうであるか」。"贵吗"は「〔値段が〕高いか」。【覚えておこう】疑問文は文末に"吗"を置くほか，"是不是""贵不贵"のように"肯定＋否定"で表すこともできます。

máfan 麻烦　形　面倒だ。煩わしい。［134］

mǎi 买　動　買う。［30］［108］［146］"买东西"は「買い物をする」。

māma 妈妈　名　母。お母さん。［18］［40］［104］

màn 慢　形　〔速度が〕おそい。［135］

máng 忙　形　忙しい。［24］［122］

mántou 馒头　名　マントー。中国の蒸しパン。［144］【覚えておこう】日本の饅頭のように中にあんや具の入ったものは"包子 bāozi"と言います。

māo 猫　名　ネコ。［17］【覚えておこう】量詞"只 zhī"で数えます。"一只猫"は「1匹のネコ」。

máo 毛　量　角。0.10元。中国の貨幣の単位。［58］"五毛〔钱〕"は「0.50元」。【覚えておこう】"角 jiǎo"は書き言葉で，話し言葉では"毛"を用います。

méi 没　動　持っていない。…がない。…がいない。［41］［42］［112］　副　①…しなかった。…していない。［88］［106］　②…したことがない。［82］［98］＝"没有"

Měiguó 美国　名　アメリカ。［86］

mèimei 妹妹　名　妹。［44］

měishù 美术　名　美術。［138］

měishùguǎn 美术馆　名　美術館。［34］

měi tiān 每天　名　毎日。［116］"每天都…"は「毎日…」。

méiyǒu 没有　動　持っていない。…がない。…がいない。[40][110] "没〔有〕电脑" は「パソコンを持っていない，パソコンがない」。"没〔有〕兄弟姐妹" は「兄弟姉妹がいない」。　副　①…しなかった。…していない。[89][90][106] "昨天没〔有〕来" は「昨日来なかった」。"还没〔有〕来" は「まだ来ていない」。　②…したことがない。[83][84][98] "没〔有〕去过" は「行ったことがない」。【覚えておこう】後ろに言葉が続く場合は "有" を省略して "没" とも言えます。"méiyou" と発音することもあります。

mèngxiǎng 梦想　名　夢。〔実現したい〕願い。[152]

miànbāo 面包　名　パン。[66]

miàntiáo 面条　名　うどん。めん類。[64][114]

míng 名　量　名(めい)。人数を数える。[110] "六百名" は「600名」。

míngtiān 明天　名　明日。[48][76]

míngzi 名字　名　名前。[30] "什么名字" は「どんな名前，何と言う名前」。【覚えておこう】「名字(みょうじ)」という意味ではありません。

mòlìhuāchá 茉莉花茶　名　ジャスミン茶。[92]【覚えておこう】"mòlihuāchá" と発音することもあります。

mòyú 墨鱼　名　イカ。[140]【覚えておこう】日本の漢字に改めると「墨魚」。

mùbiāo 目标　名　目標。[152]

mǔqīn 母亲　名　母親。[23]【覚えておこう】"妈妈 māma" より硬い言葉です。"mǔqin" と発音することもあります。

N

nǎ 哪　疑　どれ。どの。[6][10]

nà 那　代　それ。あれ。その。あの。[4]【覚えておこう】「それ」も「あれ」も中国語では "那" です。　接　それでは。[76]

nǎge 哪个　疑　どれ。どの。[24]【覚えておこう】"个" は日本の漢字に改めると「個」。形容詞を用いる文の「どれが…」には "哪" より "哪个" が多用されます。"哪个贵" は「どれが〔値段が〕高いか」。"něige" と発音することもあります。

nàge 那个　代　それ。あれ。その。あの。[22]【覚えておこう】"个" は日本の漢字に改めると「個」。形容詞を用いる文の「それは…，あれは…」

には"那"より"那个"が多用されます。"那个贵"は「それは〔値段が〕高い」。"nèige"と発音することもあります。

nǎinai 奶奶　名　祖母。[56]

nǎli 哪里　疑　どこ。[36] ="哪儿"【覚えておこう】"náli"と発音します。"里 li"が第3声としての力を残しているからです。"nǎlǐ"と"里"を強く発音することもあります。

nàli 那里　代　そこ。あそこ。[36] ="那儿"【覚えておこう】"nàlǐ"と"里"を強く発音することもあります。

nán 男　形　男の。[128][129]"男老师"は「男の先生」。"男的"は「男〔の人〕」。【覚えておこう】「男」という意味で単独で使うことはできません。

nán 难　形　難しい。[98]

nánbian 南边　方　南。南側。[36]

nánfāng 南方　名　南方。[152]

nǎr 哪儿　疑　どこ。[34][99]

nàr 那儿　代　そこ。あそこ。[34]

nǎxiē 哪些　疑　どれとどれ。どれとどの。[12]

nàxiē 那些　代　それら。あれら。それらの。あれらの。[12]

néng 能　助動　〔可能性があって〕…することができる。[76]"能来"は「来ることができる」。【覚えておこう】"会 huì"より使用範囲の広い助動詞です。「…することができる」を中国語に訳す時，どちらを使うべきかよくわからない場合は"能"を用いるのが無難でしょう。

nénglì 能力　名　能力。[152]

nǐ 你　代　あなた。[6][10][99]

nián 年　名　年。[58]"一年"は「1年間」。"两年"は「2年間」。

niánjí 年级　名　学年。[98]"一年级"は「1年生」。"二年级"は「2年生」。

niánjì 年纪　名　年齢。[52]"多大年纪"は「何歳」。【覚えておこう】"多大"も「何歳」という意味ですが，"多大年纪"の方が丁寧な表現です。

niánqīng 年轻　形　若い。[128]【覚えておこう】"轻"は日本の漢字に改めると「軽」。

niǎo 鸟　名　鳥。[13]【覚えておこう】量詞"只 zhī"で数えます。"一只鸟"は「1羽の鳥」。

nǐmen 你们　代　あなたたち。[10][98]【覚えておこう】"您 nín"の複

数形はありません。
nín 您　代　あなた。"你 nǐ"の丁寧な言い方。[6][28]
niúnǎi 牛奶　名　牛乳。[66]
niúzǎikù 牛仔裤　名　ジーパン。[146]"一条牛仔裤"は「1本のジーパン」。
nǚ 女　形　女の。[128][129]"女老师"は「女の先生」。"女孩子"は「女の子」。"女的"は「女〔の人〕」。【覚えておこう】「女」という意味で単独で使うことはできません。
nuǎnhuo 暖和　形　暖かい。[146]【覚えておこう】"和"の字を"hé"ではなく，軽声で"huo"と発音します。
nǚ'ér 女儿　名　娘。[138]【覚えておこう】この"儿"はアル化の"r"ではなく，"ér"と発音します。"儿"は日本の漢字に改めると「児」。
nǔlì 努力　動　努力する。励む。[152]"努力学习"は「勉強に励む」。

O

ō 噢　感　ああ。納得したことを表す。[40]
Ōu-Měi 欧美　名　欧米。[110]【覚えておこう】「アメリカ」は"美国 Měiguó"。

P

páiqiú 排球　名　バレーボール。[132]
pángbiān 旁边　方　横。隣。[34][114]【覚えておこう】"里边 lǐbian"「中」など方位詞の"边"は一般に軽声ですが，"旁边"の"边"は第1声で発音します。
pángxiè 螃蟹　名　カニ。[144]
pǎo 跑　動　走る。[53][117]
péngyou 朋友　名　友人。友だち。[134]
piányi 便宜　形　〔値段が〕安い。[22][110]【覚えておこう】「安い」という意味の場合は"便"の字を"pián"と発音します。"方便 fāngbiàn""便利 biànlì"などほとんどの場合"biàn"と発音します。
piào 票　名　切符。チケット。[80]【覚えておこう】量詞"张 zhāng"で数えます。"一张票"は「1枚のチケット」。
piàoliang 漂亮　形　きれいだ。美しい。[112]
píjiǔ 啤酒　名　ビール。[32]【覚えておこう】"啤"は英語の"beer"の音

訳です。

píngguǒ 苹果　名　リンゴ。[42]

pīngpāngqiú 乒乓球　名　卓球。ピンポン。[138]

pútáo 葡萄　名　ブドウ。[29]【覚えておこう】"pútao"と発音することもあります。

Q

qī 七　数　7。[46][116]

qí 骑　動　〔ウマや自転車にまたがって〕乗る。[120] "骑自行车"は「自転車に乗る」。

qiān 千　数　千。[58][110] "一千"は「1000」。"两千"は「2000」。

qián 钱　名　お金。金銭。[58] "多少钱"は「〔値段が〕いくら」。

qiānbǐ 铅笔　名　鉛筆。[74]【覚えておこう】量詞"支 zhī"で数えます。"一支铅笔"は「1本の鉛筆」。

qiánbian 前边　方　前。前方。[36][116]【覚えておこう】"前面 qiánmian"と言うこともあります。

qiántiān 前天　名　一昨日。[50]

qiǎokèlì 巧克力　名　チョコレート。[140]【覚えておこう】英語の"chocolate"の音訳語です。

qìchē 汽车　名　自動車。[66][116]【覚えておこう】「汽車」は"火车 huǒchē"と言います。

qìchēzhàn 汽车站　名　バス停。[116] = "车站"【覚えておこう】"汽车"は「自動車」。

qǐchuáng 起床　動　起きる。起床する。[56][116]【覚えておこう】"床"は「ベッド」。

qícì 其次　代　その次。[110]

qiézi 茄子　名　ナス。[31]

qǐng 请　動　どうぞ…してください。[98]

qīngsǎo 清扫　動　清掃する。[104]

qīnyǎn 亲眼　副　自分の目で。[152]【覚えておこう】"亲手 qīnshǒu"は「自分の手で」。"亲"は日本の漢字に改めると「親」。

qīyuè 七月　名　7月。[46]

qízhōng 其中　名　その中〔に〕。[110]

qù 去　動　行く。[34][98] "去哪儿"は「どこに行く」。
quánjiā 全家　名　家族全員。[104]
qùnián 去年　名　昨年。去年。[152]
qúnzi 裙子　名　スカート。[148] "一条裙子"は「1枚のスカート」。

R

règǒu 热狗　名　ホットドッグ。[140]【覚えておこう】"热"は「熱い,暑い」。"狗"は「イヌ」。英語の"hot dog"を直訳したものです。
rén 人　名　人。[10][104][152]【覚えておこう】"一个人"「1人の人」は動詞の前に置くと「1人で」という意味になります。"一个人去"は「1人で行く」。
rénkǒu 人口　名　人口。[62]
rènshi 认识　動　〔人を〕知っている。〔人と〕知り合う。[98]【覚えておこう】日本の漢字に改めると「認識」。"知道 zhīdào"は「〔事実を〕知っている」という意味です。
rèqíng 热情　形　情熱がある。心がこもっている。親切だ。[132]
Rìběn 日本　名　日本。[14][18][128]
Rìběnrén 日本人　名　日本人。[8][10]
rìjì 日记　名　日記。[146]
Rìwén 日文　名　日本語。[132] ＝"日语"
Rìyǔ 日语　名　日本語。[14][18] "日语课本"は「日本語のテキスト」。
rìyuán 日元　名　円。日本円。[58]【覚えておこう】"日圆"と書くこともあります。"圆"は日本の漢字に改めると「円」。
ròu 肉　名　肉。[140]

S

sān 三　数　3。[47][52][110]
sānyuè 三月　名　3月。[48]
shān 山　名　山。[13]【覚えておこう】量詞"座 zuò"で数えます。"一座山"は「1つの山」。
shàncháng 擅长　動　…が得意だ。[104] "擅长电脑"は「パソコンが得意だ」。
shàng 上　方　①上。[42][105] "桌子上"は「机の上」。＝"上边" ②

前〔の〕。［154］"上一次"は「前回」。

shàngbān 上班　動　出勤する。仕事が始まる。［126］

shàngbian 上边　方　上。［36］【覚えておこう】"上面 shàngmian"と言うこともあります。

Shànghǎi 上海　名　上海。［152］

shàngjiē 上街　動　〔買い物などのため〕街に行く。［146］

shàngkè 上课　動　授業に出る。授業が始まる。［54］［122］

shàngwǎng 上网　動　インターネットにアクセスする。［104］【覚えておこう】"网"は日本の漢字に改めると「網」。「〔インター〕ネット」という意味で使います。

shàngwǔ 上午　名　午前。［122］

shàngxué 上学　動　①学校に行く。通学する。［116］　②〔子どもが〕小学校に上がる。

shǎo 少　形　少ない。［110］

shéi 谁　疑　誰。［4］［135］【覚えておこう】"shuí"と発音することもあります。

shēnghuó 生活　名　生活。動　生活する。［156］

shēngrì 生日　名　誕生日。［50］【覚えておこう】"shēngri"と発音することもあります。

shēngyúpiàn 生鱼片　名　〔日本の〕刺身。［144］【覚えておこう】"鱼"は日本の漢字に改めると「魚」。

shénme 什么　疑　何。何の。どんな。［4］［16］［18］［140］"是什么"は「何であるか」。"什么卡"は「何のカード」。"什么酒"は「どんな酒」。"无论什么"は「何でも」。

shí 十　数　10。［47］［52］［98］

shí 时　名　時。［152］"…时"は「…する時，…した時」。【覚えておこう】"…时"は"…的时候"と言うこともあります。

shì 市　名　市。［110］

shì 事　名　事。用事。［76］"有事"は「用事がある」。【覚えておこう】量詞"件 jiàn"で数えます。"一件事"は「ある事，ある用事」。

shì 试　動　試す。試みる。［152］"试〔一〕试"は「ちょっと試す。試してみる」。

shì 是　動　…である。そうである。［4］［98］"是什么"は「何であるか」。

"是谁"は「誰であるか」。

shìchǎng 市场　名　市場。マーケット。[38]

shí'èryuè 十二月　名　12月。[48]

shíhou 时候　名　時。時間。[64] "什么时候"は「いつ」。

shìjiè 世界　名　世界。[134] "世界上"は「世界で」。

shítáng 食堂　名　食堂。[110]

shíwù 食物　名　食べ物。食物。[140]

shíyīyuè 十一月　名　11月。[47]

shǒu 手　名　手。[85]

shǒujī 手机　名　携帯電話。[4][105]【覚えておこう】日本の漢字に改めると「手機」。「手で持つ電話機」という意味です。

shòusī 寿司　名　〔日本の〕寿司。[140]

shǒutíbāo 手提包　名　ハンドバッグ。手提げかばん。[146]

shū 书　名　本。書物。[18][58] "一本书"は「1冊の本」。"这本书"は「この本」。【覚えておこう】日本の漢字に改めると「書」。

shù 树　名　木。樹木。[13]【覚えておこう】量詞"棵 kē"で数えます。"一棵树"は「1本の木」。

shuāng 双　量　左右で対(つい)になった物を数える。[90] "一双鞋"は「1足の靴」。

shūbāo 书包　名　かばん。[20]【覚えておこう】"书"は日本の漢字に改めると「書」。

shūcài 蔬菜　名　野菜。[140]

shūdiàn 书店　名　書店。本屋。[34]

shūfǎ 书法　名　書道。[138]

shuì 睡　動　眠る。寝る。[146] "睡到十一点"は「11時まで眠る」。

shuǐguǒ 水果　名　果物。[30][140]

shuǐjiǎo 水饺　名　水ギョーザ。ゆでギョーザ。[86][140]

shuìjiào 睡觉　動　眠る。寝る。[56][122]【覚えておこう】"睡觉"は"睡"「眠る」+"觉"「眠り」という構造からなる動詞です。"觉"の字は「眠り」という意味の場合は"jiào"と発音し，「感覚」という意味の場合は"jué"と発音します。

shǔjià 暑假　名　夏休み。[64][98]

shùmǎ 数码　名　数字。デジタル。[8] "数码相机"は「デジタルカメラ」。

shuō 说 　動　話す。言う。[70][104][134]"说汉语"は「中国語を話す」。"爸爸说…"は「父は…と言う」。【覚えておこう】日本の漢字に改めると「説」。「叱る,説教する」という意味もあります。

shùxué 数学　名　数学。[108]

sì 四　数　4。[40][104]

suān 酸　形　酸っぱい。[141]

suì 岁　量　歳。年齢を数える。[52][98]"二十岁"は「20歳」。

suīrán 虽然　接　…だけれども。[134]"虽然…,但是～"は「…だけれども,しかし～」。

suìshu 岁数　名　年齢。[53]＝"年纪 niánjì"【覚えておこう】"岁"は日本の漢字に改めると「歳」。

suǒyǐ 所以　接　だから。[116]

T

tā 他　代　彼。[4][104]

tā 它　代　それ。[6]【覚えておこう】"那 nà"ほど多用されません。

tā 她　代　彼女。[4][104]

tái 台　量　台。機械を数える。[42][105]"一台电脑"は「1台のパソコン」。

tài 太　副　たいへん。あまりにも。"不太…"で「あまり…ではない」。"太…了"で「たいへん…だ」。[24][70][114][134]"不太忙"は「あまり忙しくない」。"不太好"は「あまり上手ではない」。"太谢谢你了"は「どうもありがとう」。

Táiwān 台湾　名　台湾。[102]

tàiyáng 太阳　名　太陽。[7]

tāmen 他们　代　彼ら。[12][22]

tāmen 它们　代　それら。[12]【覚えておこう】"那些 nàxiē"ほど多用されません。

tāmen 她们　代　彼女ら。[12]

tāng 汤　名　スープ。[142]【覚えておこう】日本の漢字に改めると「湯」ですが,「湯」は普通"开水 kāishuǐ""热水 rèshuǐ"と言います。

tèbié 特别　副　特に。とりわけ。[140]"特别是…"は「特に…である」。

tī 踢　動　ける。[130]"踢足球"は「サッカーをする」。

202

tiān 天　名　日。[122]"一天"は「1日間」。"两天"は「2日間」。

tián 甜　形　甘い。[140]

Tiān'ānmén 天安门　名　天安門(てんあんもん)。北京の故宮(こきゅう)の正面にある門。[152]

tiáo 条　量　細長い物を数える。[146]"一条裤子"は「1本のズボン」。"一条裙子"は「1枚のスカート」。

tīng 听　動　聞く。[32][134]"听音乐"は「音楽を聞く」。【覚えておこう】日本の漢字に改めると「聴」。

tǐyù 体育　名　体育。[122]

tǐyùguǎn 体育馆　名　体育館。[110]

tóufa 头发　名　頭髪。髪。[85]

túshūguǎn 图书馆　名　図書館。[34][110]

W

wàibian 外边　方　外。[36]【覚えておこう】"外面 wàimian"と言うこともあります。

wàiguó 外国　名　外国。[62][110]"外国留学生"は「外国人留学生」。

wán 完　動　終える。終わる。[146]"买完"は「買い終える」。

wǎn 碗　名　碗。碗に入れた食べ物を数える。[88]"一碗拉面"は「1杯のラーメン」。

wàn 万　数　万。[58]"两万"は「2万」。

wǎnfàn 晚饭　名　夕食。晩ご飯。[92][122]

Wáng 王　名　王。中国人の姓。[4][128]"王老师"は「王先生」。

wǎngqiú 网球　名　テニス。[68][128]"打网球"は「テニスをする」。【覚えておこう】"网"は日本の漢字に改めると「網」。

wǎngqiúchǎng 网球场　名　テニスコート。[110]【覚えておこう】"网球"は「テニス」。"网""场"は日本の漢字に改めると「網」「場」。

wǎnshang 晚上　名　夜。晩。[126]

wèi 位　量　先生や客を丁寧に数える。[128][129]"两位老师"は「お2人の先生」。"两位客人"は「お2人のお客さん」。

wénxué 文学　名　文学。[98]

wǒ 我　代　私。[6][10][98]

wǒmen 我们　代　私たち。[10][104]

wǔ 五　数　5。[47][52][104]
wǔfàn 午饭　名　昼食。昼ご飯。[88][122]
wūlóngchá 乌龙茶　名　ウーロン茶。[64]【覚えておこう】"乌龙"は日本の漢字に改めると「烏龍」。「烏」は「鳥」ではなく「カラス」です。
wúlùn 无论　接　…を問わず。…でも。[140]"无论什么…都～"は「何でもすべて～」。【覚えておこう】日本の漢字に改めると「無論」。

X

xì 系　名　学部。学科。[98]
xiā 虾　名　エビ。[144]【覚えておこう】日本の漢字に改めると「蝦」。
xià 下　方　①下。②次〔の〕。[152]"下一次"は「次回」。
xiàbān 下班　動　仕事が終わる。[126]
xiàbian 下边　方　下。[36]【覚えておこう】"下面 xiàmian"と言うこともあります。
xiàchē 下车　動　下車する。[116]
xiàkè 下课　動　授業が終わる。[54][122]
xián 咸　形　塩辛い。[142]
xiǎng 想　動　①思う。考える。[153]"想什么"は「何を考える」。②…したいと思う。…したい。[64][152]"想去"は「行きたいと思う」。
xiāngdāng 相当　副　相当に。かなり。[116]"相当大"は「かなり大きい」。
Xiānggǎng 香港　名　香港(ホンコン)。[38]
xiàngjī 相机　名　カメラ。[8]【覚えておこう】"照相机 zhàoxiàngjī"と言うこともあります。"照相"は「写真を撮る」。"机"は日本の漢字に改めると「機」。
xiāngjiāo 香蕉　名　バナナ。[29]
xiànjīnkǎ 现金卡　名　キャッシュカード。[16]【覚えておこう】"现"は日本の漢字に改めると「現」。"卡"は英語の"card"の音訳語です。
xiànzài 现在　名　いま。現在。[52][134]
xiàoménkǒu 校门口　名　校門。学校の正門。[116]
xiǎoshí 小时　名　〔60分間としての〕時間。[122]"一个小时"は「1時間」。"两个小时"は「2時間」。
xiǎoshíhou 小时候　名　子どもの頃。小さい時。[134]
xiàoyuán 校园　名　キャンパス。校庭。[110]【覚えておこう】"园"は日

204

本の漢字に改めると「園」。

xiàtiān 夏天　名　夏。[152]【覚えておこう】「春」「秋」「冬」は"春天 chūntiān""秋天 qiūtiān""冬天 dōngtiān"。

xiàwǔ 下午　名　午後。[122]

xībian 西边　方　西。西側。[36]

xié 鞋　名　靴。[90]"一双鞋"は「1足の靴」。【覚えておこう】中国語では「長靴」を"靴子 xuēzi"と言います。

xiě 写　動　〔字や文章を〕書く。[78][147]"写信"は「手紙を書く」。

xièxie 谢谢　動　感謝する。ありがとう。[22]"谢谢你"は「あなたに感謝する，ありがとう」。

xīguā 西瓜　名　スイカ。[29]【覚えておこう】"xīgua"と発音することもあります。

xīhóngshì 西红柿　名　トマト。[140]【覚えておこう】"番茄 fānqié"とも言います。

xǐhuan 喜欢　動　好む。好きだ。[64][98][134]"喜欢吃…"は「…を食べるのが好きだ」。【覚えておこう】日本語では「うどんが好きだ」「テニスが好きだ」のように言いますが，中国語では"喜欢吃面条"「うどんを食べるのが好きだ」や"喜欢打网球"「テニスをするのが好きだ」のように言う方が自然です。"欢"は日本の漢字に改めると「歓」。

xìn 信　名　手紙。[78]

xíng 行　形　よい。かまわない。[78]"不行"は「よくない，だめだ」。【覚えておこう】"旅行 lǚxíng"「旅行する」などの"行"は「行く」という意味ですが，「〔どこどこに〕行く」と言う場合には"去 qù"を用います。"不去"は「行かない」。

xìng 姓　動　…という姓である。[28][128]"姓滨崎"は「浜崎という姓だ」。

xíngli 行李　名　〔旅行かばんなどの〕荷物。手荷物。[16]

xīngqī 星期　名　週。[46][123][128]"星期几"は「何曜日」。"一个星期"は「1週間」。"两个星期"は「2週間」。【覚えておこう】"星期"の後ろに"一"〜"六"を入れるとそれぞれ「月曜日」〜「土曜日」の意味になります。「日曜日」は"星期天"または"星期日"。

xīngqī'èr 星期二　名　火曜日。[48][128]

xīngqīliù 星期六　名　土曜日。[46][128]

xīngqīrì 星期日　名　日曜日。[49][123]＝"星期天"
xīngqīsān 星期三　名　水曜日。[48]
xīngqīsì 星期四　名　木曜日。[46][123][128]
xīngqītiān 星期天　名　日曜日。[48][123][128]
xīngqīwǔ 星期五　名　金曜日。[48][128]
xīngqīyī 星期一　名　月曜日。[48][122]
xīngxing 星星　名　星。[7]【覚えておこう】量詞"颗 kē"で数えます。"一颗星星"は「1つの星」。
xìnyòngkǎ 信用卡　名　クレジットカード。[16]【覚えておこう】"卡"は英語の"card"の音訳語です。
xiōngdì 兄弟　名　兄弟。兄と弟。[40]【覚えておこう】「兄」は"哥哥 gēge"。「弟」は"弟弟 dìdi"。
xióngmāo 熊猫　名　パンダ。[17]【覚えておこう】量詞"只 zhī"で数えます。"一只熊猫"は「1頭のパンダ」。特に「ジャイアントパンダ」を指して"大熊猫 dàxióngmāo"と言います。
xióngwěi 雄伟　形　雄大だ。[152]【覚えておこう】"伟"は日本の漢字に改めると「偉」。
xiūxi 休息　動　休む。休憩する。[122]
xīwàng 希望　動　希望する。[152]
xǐzǎo 洗澡　動　入浴する。[122]
xué 学　動　学ぶ。[30][98]＝"学习"
xuéfèi 学费　名　学費。[58]
xuésheng 学生　名　学生。[14][18][58][98]
xuéxí 学习　動　学ぶ。学習する。[30][98]
xuéxiào 学校　名　学校。[18][58][110]

Y

yān 烟　名　タバコ。[80]【覚えておこう】日本の漢字に改めると「煙」。
yánggēng 羊羹　名　羊羹。[140]
yǎnjing 眼睛　名　目。[85]【覚えておこう】"睛"の字は"晴 qíng"「晴れている」とは異なります。
yào 要　動　①要る。ほしい。[32][118]"要什么"は「何がほしいか」。②要する。〔時間などが〕かかる。[116]"要二十分钟"は「20分間かか

る」。 助動 …しなければならない。[116]"要坐二十分钟"は「20分間乗らなければならない」。

yàoshi 钥匙　名　鍵。キー。[73]"一把钥匙"は「1本の鍵」。

yě 也　副　…も。[10][104][110]"他也是日本人"は「彼も日本人である」。"也有欧美的留学生"は「欧米の留学生もいる」。

yéye 爷爷　名　祖父。[56]【覚えておこう】"爷"は日本の漢字に改めると「爺」。

yī 一　数　①1。[40][48][54][58][60][98]"一个"は「1個〔の〕，1人〔の〕」。"一号"は「1日」。"一点〔钟〕"は「1時」。"一年"は「1年間」。"一百"は「100」。"一千"は「1000」。"一块〔钱〕"は「1元」。"第一课"は「第1課」。【覚えておこう】後ろに第1声または第2声または第3声が続く時，第4声"yì"に変調します。また，後ろに第4声が続く時，第2声"yí"に変調します。ただし，"一号"や"第一课"のように"一"が「1番目」という意味を表す場合は変調しません。また，"一九一一年"のように数字を1つずつ読む場合の"一"も変調しません。②1音節の動詞を重ねたものの中間に"一"を入れて「ちょっと…する，…してみる」。[153]"试一试"は「ちょっと試す，試してみる」。"看一看"は「ちょっと見る，見てみる」。【覚えておこう】この"一"は省略可能です。"休息休息"「ちょっと休憩する」や"参观参观"「ちょっと参観する」のように2音節の動詞の場合は"一"を入れることができません。

yìbān 一般　形　普通だ。[128]"一般都…"は「普通いつも…」。

yìbiān 一边　副　"一边…，一边〜"で「…しながら，〜する」。[146]"一边喝咖啡，一边聊天儿"は「コーヒーを飲みながら，雑談する」。

Yìdàlìmiàn 意大利面　名　スパゲッティ。[110]【覚えておこう】"意大利"は「イタリア」。

yìdiǎnr 一点儿　数量　少し。ちょっと。[70][118]【覚えておこう】動詞の後ろに置くと量が「少し」という意味を表します。"说一点儿"は「少し話す」。形容詞の後ろに置くと程度が「少し」という意味を表します。"早一点儿"は「少し早い」。どちらの場合も"一"を省略して，"点儿"と言うこともあります。

yīfu 衣服　名　服。衣服。[30]【覚えておこう】量詞"件 jiàn"で数えます。"一件衣服"は「1着の服」。

yígòng 一共　副　全部で。合計で。[62][110]"一共一千块〔钱〕"は「合

計で1000元である」。"一共有一千名学生"は「全部で1000名の学生がいる」。

Yíhéyuán 颐和园　名　頤和園(いわえん)。北京最大の有名な庭園。[152]

yìhuìr 一会儿　数量　しばらく。ちょっとの間。[71][146] "休息一会儿"は「しばらく休憩する」。【覚えておこう】"yíhuǐr"と発音する人もいます。"一会儿"は時間としての「少し」を表し，"一下 yíxià"は動作としての「少し」を表します。"休息一下"は「ちょっと休憩する」。"休息休息"としてもほぼ同義です。"等 děng 一会儿"は「しばらく待つ」。"等一下""等〔一〕等"は「ちょっと待つ」。

yǐjīng 已经　副　すでに。もう。[88][108] "已经来了"は「すでに来た，もう来ている」。【覚えておこう】"已 yǐ" "己 jǐ" "巳 sì"はすべて異なる字です。

yíkuàir 一块儿　副　一緒に。[146] "一块儿上街"は「一緒に街に行く」。="一起"

yīmèir 伊妹儿　名　Eメール。[106]【覚えておこう】英語の"E-mail"の音訳語です。="电子邮件 diànzǐ yóujiàn"

Yīngyǔ 英语　名　英語。[20][72][104]

yínháng 银行　名　銀行。[84]【覚えておこう】"银行"の"行"は「店」という意味で，"xíng"ではなく"háng"と発音します。

yǐnliào 饮料　名　飲み物。飲料。[144]

yīnyuè 音乐　名　音楽。[32][134]【覚えておこう】"乐"の字は「音楽」という意味の時は"yuè"，「楽しい」という意味の時は"lè"と発音します。日本語の音読みでも「ガク」「ラク」と読み分けています。

yìqǐ 一起　副　一緒に。[134] "一起去"は「一緒に行く」。

yīyuàn 医院　名　病院。[120]

yīyuè 一月　名　1月。[48]【覚えておこう】この"一"は「1番目」という意味なので，変調しません。

yǐzi 椅子　名　〔背もたれのある〕椅子。[73] "一把椅子"は「1脚の椅子」。【覚えておこう】量詞"把"で数えるのは，背もたれの部分を握るからです。

yòng 用　動　用いる。使う。[108][152] "用电脑"は「パソコンを使う」。"用汉语"は「中国語を用いて，中国語で」。

yōngjǐ 拥挤　形　込み合っている。[116]

yǒu 有　動　持っている。…がある。…がいる。[40][104] "有电脑"は

「パソコンを持っている，パソコンがある」。"有哥哥"は「兄がいる」。"有四口人"は「4人家族だ」。

yòu 又　副　①また。さらに。[146] "又去了"は「また行った」。"又来了"は「また来た」。　②"又…又〜"で「…のうえに〜だ」。[110] "又便宜又好吃"は「安くておいしい」。

yòubian 右边　方　右。右側。[36]

yǒudiǎnr 有点儿　副　少し。ちょっと。[140] [142] [152]【覚えておこう】好ましくない意味の形容詞や"不"を伴う言葉の前に置いて，「ちょっと…」という意味を表します。"有点儿辣"は「ちょっと辛い」。"有点儿吃不来"は「ちょっと口に合わない」。"有点儿不安"は「ちょっと不安だ」。

yǒuguān 有关　動　関係がある。[152]

yóujiàn 邮件　名　郵便物。[80] [104]

yóujú 邮局　名　郵便局。[38]

yǒumíng 有名　形　有名だ。[140]

yǒushí 有时　副　時には。…する時もある。[134]

yǒu shíhou 有时候　副　時には。…する時もある。[128]　＝"有时"

yóuyǒng 游泳　動　水泳をする。[74] [112]

yóuyǒngchí 游泳池　名　水泳プール。[110]【覚えておこう】"游泳"は「水泳〔をする〕」。

yú 鱼　名　魚。[140]【覚えておこう】量詞"条 tiáo"で数えます。"一条鱼"は「1匹の魚」。

yuán 元　量　元。中国の貨幣の単位。[59]　＝"块 kuài"【覚えておこう】中国の法定貨幣を"人民币 rénmínbì"「人民幣」と言います。

yuǎn 远　形　遠い。[82] [120]

yuè 月　名　月。[46] [62] "几月"は「何月」。"一个月"は「1ヶ月」。"两个月"は「2ヶ月」。

yuèdú 阅读　名　閲読。講読。[128]

yuèliang 月亮　名　月。[7]

yǔfǎ 语法　名　文法。[74] [98]

yùndòngchǎng 运动场　名　運動場。グラウンド。[110]

yǔsǎn 雨伞　名　雨傘。[73] "一把雨伞"は「1本の雨傘」。

Z

zài 再　副　①再び。②それから。[116] "…后再〜"は「…したあと,〔それから〕〜する」。

zài 在　動　〔どこどこに〕ある。〔どこどこに〕いる。[34][104] "在哪儿"は「どこにある,どこにいる」。　介　〔どこどこ〕で。[82][98] "在哪儿工作"は「どこで働く」。　副　…している。進行を表す。[146][153] "还在睡觉"は「まだ寝ている」。"在想什么"は「何を考えているか」。

zánmen 咱们　代　〔話し相手を含んだ〕私たち。[12]【覚えておこう】"我们 wǒmen"は日本語の「私たち」と同じように相手を含む時も含まない時も使えます。どちらを使うべきかよくわからない場合は"我们"を用いるのが無難でしょう。

zǎo 早　形　早い。[116]

zǎofàn 早饭　名　朝食。朝ご飯。[92][122]

zǎoshang 早上　名　朝。[116]【覚えておこう】"早晨 zǎochen"と言うこともあります。

zázhì 杂志　名　雑誌。[62]

zěnme 怎么　疑　どのように。[24] "怎么了"は「どうなったか,どうしたのか」。

zěnmeyàng 怎么样　疑　どのようであるか。様子や状態を尋ねる。[22]【覚えておこう】"怎样 zěnyàng"と言うこともあります。"样"は日本の漢字に改めると「様」。

zhájīkuài 炸鸡块　名　フライドチキン。[140]【覚えておこう】"炸"は「〔油で〕揚げる」。"鸡"は「ニワトリ」。"块"は「塊(かたまり)」。

zhàn 站　名　駅。[116] "第四站"は「4番目の駅」。　動　立つ。

zhāng 张　量　平らな面を持った物を数える。[138] "一张画"は「1枚の絵」。"这张画"は「この絵」。

Zhāng Lì 张丽　張麗。中国人の氏名。[32]

zhàoxiàng 照相　動　写真を撮る。[80]【覚えておこう】「写真」は"照片 zhàopiàn"。

zhè 这　代　これ。この。[4][136]【覚えておこう】この字は日本の漢字に改めると「這」となりますが,日本語では「這(は)う」という意味です。

zhège 这个　代　これ。この。[22][142]【覚えておこう】"个"は日本

の漢字に改めると「個」。形容詞を用いる文の「これは…」には"这"より"这个"が多用されます。"这个贵"は「これは〔値段が〕高い」。"zhèige"と発音することもあります。

zhèli 这里　代　ここ。[36] ＝"这儿"【覚えておこう】"zhèlǐ"と"里"を強く発音することもあります。

zhèr 这儿　代　ここ。[35][36][105]

zhèxiē 这些　代　これら。これらの。[12][20]"这些书"は「これらの本」。

zhī 支　量　ペンなど棒状の物を数える。[58]"一支笔"は「1本のペン」。"这支笔"は「このペン」。

zhī 只　量　広く動物や鳥を数える。[17]"一只猫"は「1匹のネコ」。"一只熊猫"は「1頭のパンダ」。"一只鸟 niǎo"は「1羽の鳥」。

zhī 枝　量　ペンなど棒状の物を数える。[59] ＝"支 zhī"

zhǐdǎo 指导　名　指導。ガイダンス。[122]

zhíyuán 职员　名　職員。[104]"公司职员"は「会社員」。

zhìyuànzhě 志愿者　名　ボランティア。[104]"志愿者活动"は「ボランティア活動」。【覚えておこう】日本の漢字に改めると「志願者」。

zhōng 中　名　中。…の中〔で〕。[110][122][140]"留学生中"は「留学生の中〔で〕」。"一周中"は「1週間の中〔で〕」。"日本食物中"は「日本の食べ物の中〔で〕」。

zhōng 钟　名　①鐘。②〔置時計などの〕時計。③時間・時刻を表す語の後ろに置く。[54][116]"一点〔钟〕"は「1時」。"五分钟"は「5分間」。【覚えておこう】"一点钟"「1時」，"两点钟"「2時」はもともと「1つきの鐘」「2つきの鐘」という意味です。「…分間」と言う時は"钟"を添えて"…分钟"とします。

Zhōngguó 中国　名　中国。[14][18][46][98]

Zhōngguórén 中国人　名　中国人。[8][10][152]

zhōngtóu 钟头　名　〔60分間としての〕時間。[124] ＝"小时 xiǎoshí"【覚えておこう】"小时"は"一〔个〕小时"「1時間」のように量詞"个 ge"を省略できますが，"钟头"は量詞を省略することができません。"一个钟头"は「1時間」。"两个钟头"は「2時間」。

Zhōngwén 中文　名　中国語。[102]"中文系"は「中国語学科」。＝"汉语 Hànyǔ"

zhōngwǔ 中午　名　正午。昼。[122]

zhōngxīn 中心　名　①中心。[110]"市中心"は「市の中心部」。②センター。[110]"国际交流中心"は「国際交流センター」。

zhōu 周　名　週。[122]"一周"は「1週間」。="星期 xīngqī"

zhōumò 周末　名　週末。[134]

zhǔfù 主妇　名　主婦。[104]"家庭主妇"は「〔家庭の〕主婦」。

zhuōzi 桌子　名　机。テーブル。[42][105]【覚えておこう】量詞"张 zhāng"で数えます。平らな面を持っているからです。"一张桌子"は「1脚の机」。中国語では英語の"desk"と"table"のような区別がありません。

zìdòng 自动　形　自動の。[74]"自动铅笔"は「シャープペンシル」。

zìjǐ 自己　代　自分〔で〕。[134]

zìwǒ 自我　代　自分〔で〕。[98]【覚えておこう】後ろに2音節の動詞を置き,「自分で自分を…する」という意味を表します。"自我介绍"は「自己紹介〔する〕,自分で自分を紹介する」。

zìxíngchē 自行车　名　自転車。[120]

zǒu 走　動　歩く。行く。出かける。[52][116]【覚えておこう】「走る」は"跑 pǎo"と言います。

zuǐ 嘴　名　口。[85]

zuì 最　副　最も。一番。[26][110]"最便宜"は「最も安い」。"最多"は「最も多い」。

zuò 坐　動　①座る。②〔乗り物に〕乗る。[116]

zuò 做　動　①作る。[78][134]"做饭"は「ご飯を作る」。"做蛋糕"は「ケーキを作る」。②する。[108][152]"做作业"は「宿題をする」。"做工作"は「仕事をする」。

zuǒbian 左边　方　左。左側。[36]

zuòshàng 坐上　動　〔…に〕乗り込む。[116]

zuótiān 昨天　名　昨日。[48]

zuòwén 作文　名　作文。[128]

zuòyè 作业　名　宿題。作業。[108]

zuǒyòu 左右　名　…ぐらい。[110][122]"一百名左右"は「100名ぐらい」。"九点左右"は「9時頃」。【覚えておこう】もちろん「左右(さゆう)」という意味もあります。

zúqiú 足球　名　サッカー。[130]

音読みからピンインを引くための
小 字 典

　これは日本でよく使われる漢字のピンインを音読みから引くための字典です。1つの音読みに対する複数の漢字は画数の少ないものから並べてあります。（　）内は簡体字です。1つの漢字に対して複数のピンインを挙げてあるものについては，どのピンインで読むべきか中国語辞典で調べてください。

ア	亜(亚)yà	阿(阿)ā ē			
アイ	哀(哀)āi	愛(爱)ài			
アク	悪(恶)è	握(握)wò	渥(渥)wò		
アツ	圧(压)yā				
アン	安(安)ān	案(案)àn	暗(暗)àn	鞍(鞍)ān	
イ	以(以)yǐ	伊(伊)yī	衣(衣)yī yì	位(位)wèi	囲(围)wéi
	医(医)yī	依(依)yī	委(委)wěi wēi		易(易)yì
	威(威)wēi	胃(胃)wèi	為(为)wéi wèi		尉(尉)wèi
	惟(惟)wéi	異(异)yì	移(移)yí	偉(伟)wěi	意(意)yì
	葦(苇)wěi	違(违)wéi	維(维)wéi	慰(慰)wèi	遺(遗)yí wèi
	緯(纬)wěi				
イキ	域(域)yù				
イク	育(育)yù	郁(郁)yù			
イツ	一(一)yī	壱(壹)yī	逸(逸)yì		
イン	允(允)yǔn	引(引)yǐn	印(印)yìn	因(因)yīn	姻(姻)yīn
	胤(胤)yìn	員(员)yuán	院(院)yuàn	寅(寅)yín	陰(阴)yīn
	飲(饮)yǐn yìn		隠(隐)yǐn	蔭(荫)yìn yīn	
	韻(韵)yùn				
ウ	宇(宇)yǔ	羽(羽)yǔ	雨(雨)yǔ yù	烏(乌)wū wù	
ウン	運(运)yùn	雲(云)yún			
エイ	永(永)yǒng	泳(泳)yǒng	英(英)yīng	映(映)yìng	栄(荣)róng
	盈(盈)yíng	営(营)yíng	詠(咏)yǒng	瑛(瑛)yīng	影(影)yǐng
	鋭(锐)ruì	叡(睿)ruì	穎(颖)yǐng	衛(卫)wèi	
エキ	亦(亦)yì	役(役)yì	易(易)yì	疫(疫)yì	益(益)yì
	液(液)yè	駅(驿)yì			
エツ	悦(悦)yuè	越(越)yuè	謁(谒)yè	閲(阅)yuè	
エン	円(圆)yuán	延(延)yán	沿(沿)yán	炎(炎)yán	苑(苑)yuàn
	垣(垣)yuán	宴(宴)yàn	淵(渊)yuān	媛(媛)yuàn yuán	
	援(援)yuán	園(园)yuán	煙(烟)yān	猿(猿)yuán	遠(远)yuǎn
	鉛(铅)qiān yán		塩(盐)yán	演(演)yǎn	縁(缘)yuán
	燕(燕)yàn yān		艶(艳)yàn		
オ	汚(污)wū	悪(恶)wù ě wū			
オウ	王(王)wáng wàng		央(央)yāng	応(应)yīng yìng	
	往(往)wǎng	押(押)yā	旺(旺)wàng	欧(欧)ōu	殴(殴)ōu
	桜(樱)yīng	翁(翁)wēng	奥(奥)ào	横(横)héng hèng	
	鴨(鸭)yā				
オク	屋(屋)wū	億(亿)yì	憶(忆)yì		
オツ	乙(乙)yǐ				
オン	音(音)yīn	恩(恩)ēn	温(温)wēn	穏(稳)wěn	
カ	下(下)xià	化(化)huà huā		火(火)huǒ	加(加)jiā

	可(可)kě kè	禾(禾)hé	仮(假)jiǎ jià	何(何)hé
	伽(伽)qié jiā gā	花(花)huā	価(价)jià	佳(佳)jiā
	果(果)guǒ	河(河)hé	科(科)kē	架(架)jià	夏(夏)xià
	家(家)jiā	荷(荷)hé hè	華(华)huá huà huā		掛(挂)guà
	菓(果)guǒ	貨(货)huò	渦(涡)wō guō	過(过)guò guō
	葭(葭)jiā	嫁(嫁)jià	暇(暇)xiá	禍(祸)huò	靴(靴)xuē
	嘉(嘉)jiā	寡(寡)guǎ	榎(榎)jiǎ	歌(歌)gē	箇(个)gè gě
	稼(稼)jià	蝦(虾)xiā há	課(课)kè	樺(桦)huà	鍋(锅)guō
	霞(霞)xiá			
ガ	瓦(瓦)wǎ	我(我)wǒ	画(画)huà	芽(芽)yá	峨(峨)é
	賀(贺)hè	雅(雅)yǎ	餓(饿)è		
カイ	介(介)jiè	会(会)huì kuài		回(回)huí	灰(灰)huī
	快(快)kuài	戒(戒)jiè	改(改)gǎi	怪(怪)guài	
	芥(芥)jiè gài		悔(悔)huǐ	海(海)hǎi	界(界)jiè
	皆(皆)jiē	械(械)xiè	絵(绘)huì	開(开)kāi	階(阶)jiē
	解(解)jiě jiè xiè|	塊(块)kuài	壊(坏)huài	懐(怀)huái
	檜(桧)guì huì		蟹(蟹)xiè		
ガイ	刈(刈)yì	外(外)wài	亥(亥)hài	苅(苅)yì	劾(劾)hé
	害(害)hài	涯(涯)yá	凱(凯)kǎi	街(街)jiē	慨(慨)kǎi
	該(该)gāi	概(概)gài			
カク	各(各)gè gě	角(角)jiǎo jué		拡(扩)kuò	画(画)huà
	革(革)gé	核(核)hé hú	格(格)gé	殻(壳)ké qiào	
	郭(郭)guō	覚(觉)jué	較(较)jiào	隔(隔)gé	閣(阁)gé
	確(确)què	獲(获)huò	嚇(吓)hè	穫(获)huò	鶴(鹤)hè
ガク	学(学)xué	岳(岳)yuè	楽(乐)yuè	額(额)é	鰐(鳄)è
カツ	括(括)kuò guā		活(活)huó	渇(渴)kě	割(割)gē
	葛(葛)gé gě	滑(滑)huá	褐(褐)hè	轄(辖)xiá	
カン	干(干)gān	刊(刊)kān	甘(甘)gān	汗(汗)hàn hán	
	完(完)wán	肝(肝)gān	函(函)hán	官(官)guān	
	冠(冠)guān guàn		巻(卷)juàn juǎn		
	看(看)kàn kān		陥(陷)xiàn	莞(莞)guǎn wǎn	
	乾(干)gān	勘(勘)kān	患(患)huàn	貫(贯)guàn	菅(菅)jiān
	寒(寒)hán	喚(唤)huàn	堪(堪)kān	換(换)huàn	敢(敢)gǎn
	棺(棺)guān	款(款)kuǎn	間(间)jiān jiàn		閑(闲)xián
	勧(劝)quàn	寛(宽)kuān	幹(干)gàn	感(感)gǎn	漢(汉)hàn
	慣(惯)guàn	管(管)guǎn	関(关)guān	歓(欢)huān	
	監(监)jiān jiàn		緩(缓)huǎn	憾(憾)hàn	
	還(还)huán hái		館(馆)guǎn	環(环)huán	簡(简)jiǎn
	観(观)guān guàn		艦(舰)jiàn	鑑(鉴)jiàn	
ガン	丸(丸)wán	含(含)hán	岸(岸)àn	岩(岩)yán	眼(眼)yǎn

215

	雁(雁)yàn	頑(顽)wán	顔(颜)yán	願(愿)yuàn	巌(岩)yán
キ	己(己)jǐ	企(企)qǐ	危(危)wēi	机(机)jī	気(气)qì
	岐(岐)qí	希(希)xī	忌(忌)jì	汽(汽)qì	奇(奇)qí jī
	祈(祈)qí	季(季)jì	紀(纪)jì jǐ	軌(轨)guǐ	姫(姬)jī
	既(既)jì	記(记)jì	起(起)qǐ	飢(饥)jī	鬼(鬼)guǐ
	帰(归)guī	基(基)jī	埼(埼)qí	寄(寄)jì	崎(崎)qí
	規(规)guī	亀(龟)guī	喜(喜)xǐ	幾(几)jǐ jī	揮(挥)huī
	期(期)qī jī	棋(棋)qí	稀(稀)xī	貴(贵)guì	葵(葵)kuí
	棄(弃)qì	熙(熙)xī	旗(旗)qí	箕(箕)jī	綺(绮)qǐ
	器(器)qì	嬉(嬉)xī	毅(毅)yì	畿(畿)jī	輝(辉)huī
	機(机)jī	磯(矶)jī	禧(禧)xǐ	騎(骑)qí	
ギ	技(技)jì	宜(宜)yí	偽(伪)wěi	欺(欺)qī	義(义)yì
	疑(疑)yí	儀(仪)yí	戯(戏)xì	誼(谊)yì	擬(拟)nǐ
	犠(牺)xī	議(议)yì			
キク	菊(菊)jú				
キツ	吉(吉)jí	佶(佶)jí	喫(吃)chī	詰(诘)jié jí	橘(橘)jú
キャク	却(却)què	客(客)kè	脚(脚)jiǎo jué		
ギャク	虐(虐)nüè	逆(逆)nì			
キュウ	九(九)jiǔ	久(久)jiǔ	及(及)jí	弓(弓)gōng	丘(丘)qiū
	旧(旧)jiù	休(休)xiū	吸(吸)xī	朽(朽)xiǔ	臼(臼)jiù
	求(求)qiú	究(究)jiū	泣(泣)qì	急(急)jí	級(级)jí
	糾(纠)jiū	赳(赳)jiū	宮(宫)gōng	笈(笈)jí	躬(躬)gōng
	救(救)jiù	球(球)qiú	給(给)gěi jǐ	鳩(鸠)jiū	窮(穷)qióng
ギュウ	牛(牛)niú				
キョ	去(去)qù	巨(巨)jù	居(居)jū	拒(拒)jù	拠(据)jù jū
	挙(举)jǔ	虚(虚)xū	許(许)xǔ	距(距)jù	
ギョ	魚(鱼)yú	御(御)yù	漁(渔)yú		
キョウ	凶(凶)xiōng	叶(叶)xié	共(共)gòng	匡(匡)kuāng	叫(叫)jiào
	杏(杏)xìng	狂(狂)kuáng	京(京)jīng	享(享)xiǎng	
	供(供)gōng gòng	協(协)xié	況(况)kuàng	峡(峡)xiá	
	狭(狭)xiá	恐(恐)kǒng	恭(恭)gōng	胸(胸)xiōng	脅(胁)xié
	脇(胁)xié	強(强)qiáng qiǎng jiàng	教(教)jiào jiāo		
	郷(乡)xiāng	喬(乔)qiáo	境(境)jìng	橋(桥)qiáo	興(兴)xìng
	矯(矫)jiǎo jiáo		鏡(镜)jìng	競(竞)jìng	響(响)xiǎng
	驚(惊)jīng				
ギョウ	仰(仰)yǎng	尭(尧)yáo	暁(晓)xiǎo	業(业)yè	凝(凝)níng
キョク	旭(旭)xù	曲(曲)qū qǔ	局(局)jú	極(极)jí	
ギョク	玉(玉)yù				
キン	今(今)jīn	斤(斤)jīn	均(均)jūn	近(近)jìn	芹(芹)qín
	欣(欣)xīn	金(金)jīn	菌(菌)jùn jūn		勤(勤)qín

	欽(钦)qīn	琴(琴)qín	筋(筋)jīn	禁(禁)jìn jīn
	緊(紧)jǐn	錦(锦)jǐn	謹(谨)jǐn	襟(襟)jīn
ギン	吟(吟)yín	銀(银)yín		
ク	区(区)qū	句(句)jù	苦(苦)kǔ	矩(矩)jǔ	駆(驱)qū
	駒(驹)jū			
グ	具(具)jù	愚(愚)yú		
クウ	空(空)kōng kòng			
グウ	偶(偶)ǒu	遇(遇)yù	隅(隅)yú	
クツ	屈(屈)qū	堀(堀)kū	掘(掘)jué	
クン	君(君)jūn	訓(训)xùn	勲(勋)xūn	薫(薰)xūn
グン	軍(军)jūn	郡(郡)jùn	群(群)qún	
ケイ	兄(兄)xiōng	刑(刑)xíng	圭(圭)guī	形(形)xíng	系(系)xì
	径(径)jìng	茎(茎)jīng	係(系)xì	型(型)xíng	契(契)qì
	奎(奎)kuí	計(计)jì	恵(惠)huì	桂(桂)guì	啓(启)qǐ
	掲(揭)jiē	渓(溪)xī	畦(畦)qí	経(经)jīng	蛍(萤)yíng
	敬(敬)jìng	景(景)jǐng	軽(轻)qīng	傾(倾)qīng	携(携)xié
	継(继)jì	慶(庆)qìng	慧(慧)huì	憩(憩)qì	警(警)jǐng
	鶏(鸡)jī	馨(馨)xīn		
ゲイ	芸(艺)yì	迎(迎)yíng	鯨(鲸)jīng	
ゲキ	劇(剧)jù	撃(击)jī	激(激)jī	
ケツ	欠(欠)qiàn	穴(穴)xué	血(血)xuè xiě		決(决)jué
	結(结)jié jiē		傑(杰)jié	潔(洁)jié	
ゲツ	月(月)yuè			
ケン	犬(犬)quǎn	件(件)jiàn	見(见)jiàn	券(券)quàn xuàn
	肩(肩)jiān	建(建)jiàn	研(研)yán	県(县)xiàn	倹(俭)jiǎn
	兼(兼)jiān	剣(剑)jiàn	虔(虔)qián	軒(轩)xuān	乾(乾)qián
	健(健)jiàn	険(险)xiǎn	圏(圈)quān juàn juān		堅(坚)jiān
	検(检)jiǎn	絢(绚)xuàn	萱(萱)xuān	嫌(嫌)xián	献(献)xiàn
	筧(笕)jiǎn	絹(绢)juàn	遣(遣)qiǎn	蜷(蜷)quán	権(权)quán
	憲(宪)xiàn	賢(贤)xián	謙(谦)qiān	鍵(键)jiàn	繭(茧)jiǎn
	顕(显)xiǎn	験(验)yàn	懸(悬)xuán	
ゲン	元(元)yuán	幻(幻)huàn	玄(玄)xuán	言(言)yán	弦(弦)xián
	彦(彦)yàn	限(限)xiàn	原(原)yuán	現(现)xiàn	減(减)jiǎn
	源(源)yuán	厳(严)yán		
コ	戸(户)hù	古(古)gǔ	呼(呼)hū	固(固)gù	股(股)gǔ
	虎(虎)hǔ	孤(孤)gū	弧(弧)hú	故(故)gù	枯(枯)kū
	個(个)gè ge	庫(库)kù	袴(裤)kù	湖(湖)hú	菰(菰)gū
	雇(雇)gù	誇(夸)kuā	鼓(鼓)gǔ	顧(顾)gù	
ゴ	五(五)wǔ	互(互)hù	午(午)wǔ	伍(伍)wǔ	冱(冱)hù
	呉(吴)wú	吾(吾)wú	娯(娱)yú	悟(悟)wù	碁(棋)qí

	語(语)yǔ yù	誤(误)wù	護(护)hù	
コウ	口(口)kǒu	工(工)gōng	公(公)gōng	孔(孔)kǒng	功(功)gōng
	尻(尻)kāo	巧(巧)qiǎo	広(广)guǎng	弘(弘)hóng	甲(甲)jiǎ
	亘(亘)gèn	亙(亘)gèn	交(交)jiāo	光(光)guāng	向(向)xiàng
	后(后)hòu	好(好)hǎo hào		江(江)jiāng	考(考)kǎo
	行(行)xíng háng		亨(亨)hēng	坑(坑)kēng	孝(孝)xiào
	宏(宏)hóng	抗(抗)kàng	攻(攻)gōng	更(更)gēng gèng	
	効(效)xiào	岡(冈)gāng	岬(岬)jiǎ	幸(幸)xìng	庚(庚)gēng
	拘(拘)jū	昂(昂)áng	肯(肯)kěn	侯(侯)hóu hòu	
	厚(厚)hòu	後(后)hòu	恒(恒)héng	洪(洪)hóng	皇(皇)huáng
	紅(红)hóng	荒(荒)huāng	虹(虹)hóng jiàng		郊(郊)jiāo
	香(香)xiāng	候(候)hòu	晃(晃)huǎng huàng		
	校(校)xiào jiào		浩(浩)hào	紘(纮)hóng	耕(耕)gēng
	航(航)háng	貢(贡)gòng	降(降)jiàng xiáng		高(高)gāo
	康(康)kāng	控(控)kòng	黄(黄)huáng	慌(慌)huāng	港(港)gǎng
	硬(硬)yìng	絞(绞)jiǎo	項(项)xiàng	溝(沟)gōu	鉱(矿)kuàng
	構(构)gòu	綱(纲)gāng	酵(酵)jiào	稿(稿)gǎo	興(兴)xīng
	衡(衡)héng	鋼(钢)gāng	講(讲)jiǎng	購(购)gòu	鮫(鲛)jiāo
	鴻(鸿)hóng				
ゴウ	号(号)hào	合(合)hé gě	拷(拷)kǎo	剛(刚)gāng	豪(豪)háo
	轟(轰)hōng				
コク	克(克)kè	告(告)gào	谷(谷)gǔ	刻(刻)kè	国(国)guó
	黒(黑)hēi	穀(谷)gǔ	酷(酷)kù		
ゴク	獄(狱)yù				
コツ	忽(忽)hū	骨(骨)gǔ gū			
コン	困(困)kùn	昆(昆)kūn	恨(恨)hèn	根(根)gēn	婚(婚)hūn
	混(混)hùn hún		紺(绀)gàn	魂(魂)hún	墾(垦)kěn
	懇(恳)kěn				
サ	左(左)zuǒ	佐(佐)zuǒ	沙(沙)shā shà		
	査(查)chá zhā		砂(砂)shā	茶(茶)chá	唆(唆)suō
	差(差)chà chā chāi		紗(纱)shā	詐(诈)zhà	嵯(嵯)cuó
	蓑(蓑)suō	鎖(锁)suǒ			
ザ	坐(坐)zuò	座(座)zuò			
サイ	才(才)cái	切(切)qiè	再(再)zài	災(灾)zāi	妻(妻)qī qì
	哉(哉)zāi	柴(柴)chái	砕(碎)suì	宰(宰)zǎi	栽(栽)zāi
	彩(彩)cǎi	採(采)cǎi	済(济)jì jǐ	祭(祭)jì	斎(斋)zhāi
	細(细)xì	菜(菜)cài	最(最)zuì	裁(裁)cái	催(催)cuī
	債(债)zhài	歳(岁)suì	載(载)zài zǎi		際(际)jì
ザイ	在(在)zài	材(材)cái	剤(剂)jì	財(财)cái	罪(罪)zuì
サク	作(作)zuò zuō		削(削)xiāo xuē		昨(昨)zuó

218

	柵(栅)zhà	朔(朔)shuò	索(索)suǒ	策(策)cè	酢(酢)zuò cù
	錯(错)cuò				
サツ	冊(册)cè	札(札)zhá	刷(刷)shuā shuà		殺(杀)shā
	察(察)chá	撮(撮)cuō zuǒ		擦(擦)cā	薩(萨)sà
ザツ	雑(杂)zá				
サン	三(三)sān	山(山)shān	杉(杉)shān shā		参(参)cān
	桟(栈)zhàn	蚕(蚕)cán	惨(惨)cǎn	産(产)chǎn	傘(伞)sǎn
	散(散)sàn sǎn		算(算)suàn	酸(酸)suān	賛(赞)zàn
	讃(赞)zàn				
ザン	残(残)cán	暫(暂)zàn			
シ	士(士)shì	子(子)zǐ	巳(巳)sì	之(之)zhī	支(支)zhī
	止(止)zhǐ	氏(氏)shì zhī		仕(仕)shì	司(司)sī
	史(史)shǐ	只(只)zhǐ	四(四)sì	市(市)shì	此(此)cǐ
	矢(矢)shǐ	旨(旨)zhǐ	死(死)sǐ	糸(丝)sī	至(至)zhì
	芝(芝)zhī	伺(伺)sì cì	志(志)zhì	私(私)sī	使(使)shǐ
	刺(刺)cì cī	始(始)shǐ	姉(姊)zǐ	枝(枝)zhī	祉(祉)zhǐ
	肢(肢)zhī	姿(姿)zī	思(思)sī	指(指)zhǐ	施(施)shī
	柿(柿)shì	茨(茨)cí	師(师)shī	紙(纸)zhǐ	脂(脂)zhī
	梓(梓)zǐ	紫(紫)zǐ	視(视)shì	斯(斯)sī	詞(词)cí
	歯(齿)chǐ	嗣(嗣)sì	肆(肆)sì	詩(诗)shī	試(试)shì
	資(资)zī	雌(雌)cí	飼(饲)sì	蒔(莳)shì	誌(志)zhì
	賜(赐)cì	諮(谘)zī			
ジ	示(示)shì	字(字)zì	寺(寺)sì	次(次)cì	耳(耳)ěr
	自(自)zì	似(似)sì shì	児(儿)ér	事(事)shì	侍(侍)shì
	持(持)chí	時(时)shí	滋(滋)zī	慈(慈)cí	辞(辞)cí
	爾(尔)ěr	磁(磁)cí	璽(玺)xǐ		
シキ	式(式)shì	識(识)shí			
ジク	軸(轴)zhóu zhòu				
シチ	七(七)qī				
シツ	失(失)shī	室(室)shì	疾(疾)jí	執(执)zhí	湿(湿)shī
	蛭(蛭)zhì	漆(漆)qī	質(质)zhì	櫛(栉)zhì	
ジツ	実(实)shí				
シャ	且(且)qiě	写(写)xiě	社(社)shè	車(车)chē	
	舎(舍)shè shě		者(者)zhě	柘(柘)zhè	射(射)shè
	捨(舍)shě	赦(赦)shè	斜(斜)xié	煮(煮)zhǔ	謝(谢)xiè
ジャ	邪(邪)xié	蛇(蛇)shé			
シャク	勺(勺)sháo	尺(尺)chǐ	借(借)jiè	酌(酌)zhuó	釈(释)shì
	爵(爵)jué				
ジャク	若(若)ruò	弱(弱)ruò	寂(寂)jì		
シュ	手(手)shǒu	主(主)zhǔ	守(守)shǒu	朱(朱)zhū	取(取)qǔ

219

	狩(狩)shòu	首(首)shǒu	殊(殊)shū	珠(珠)zhū	酒(酒)jiǔ
	種(种)zhǒng zhòng chóng	諏(诹)zōu		趣(趣)qù	
ジュ	寿(寿)shòu	受(受)shòu	授(授)shòu	需(需)xū	儒(儒)rú
	樹(树)shù				
シュウ	囚(囚)qiú	收(收)shōu	州(州)zhōu	舟(舟)zhōu	秀(秀)xiù
	周(周)zhōu	拾(拾)shí	洲(洲)zhōu	秋(秋)qiū	臭(臭)chòu
	修(修)xiū	袖(袖)xiù	終(终)zhōng	習(习)xí	脩(脩)xiū
	週(周)zhōu	就(就)jiù	衆(众)zhòng	集(集)jí	萩(萩)qiū
	愁(愁)chóu	楫(楫)jí	酬(酬)chóu	醜(丑)chǒu	襲(袭)xí
	鷲(鹫)jiù				
ジュウ	十(十)shí	汁(汁)zhī	充(充)chōng	住(住)zhù	柔(柔)róu
	重(重)zhòng chóng		從(从)cóng	渋(涩)sè	銃(铳)chòng
	獣(兽)shòu	縦(纵)zòng			
シュク	叔(叔)shū	祝(祝)zhù	宿(宿)sù	淑(淑)shū	粛(肃)sù
	縮(缩)suō sù				
ジュク	塾(塾)shú	熟(熟)shú			
シュツ	出(出)chū				
ジュツ	述(述)shù	術(术)shù zhú			
シュン	俊(俊)jùn	春(春)chūn	峻(峻)jùn	舜(舜)shùn	駿(骏)jùn
	瞬(瞬)shùn				
ジュン	旬(旬)xún	巡(巡)xún	恂(恂)xún	洵(洵)xún	盾(盾)dùn
	准(准)zhǔn	殉(殉)xùn	純(纯)chún	隼(隼)sǔn	淳(淳)chún
	循(循)xún	順(顺)shùn	楯(楯)shǔn dùn		準(准)zhǔn
	潤(润)rùn	諄(谆)zhūn	遵(遵)zūn	醇(醇)chún	
ショ	処(处)chù chǔ		初(初)chū	所(所)suǒ	書(书)shū
	庶(庶)shù	渚(渚)zhǔ	暑(暑)shǔ	署(署)shǔ	緒(绪)xù
	諸(诸)zhū	曙(曙)shǔ			
ジョ	女(女)nǚ	如(如)rú	助(助)zhù	序(序)xù	叙(叙)xù
	徐(徐)xú	除(除)chú			
ショウ	小(小)xiǎo	升(升)shēng	少(少)shǎo shào		
	召(召)zhào shào		匠(匠)jiàng	庄(庄)zhuāng	邵(邵)shào
	床(床)chuáng	抄(抄)chāo	肖(肖)xiào xiāo		尚(尚)shàng
	承(承)chéng	招(招)zhāo	昇(升)shēng	昌(昌)chāng	松(松)sōng
	沼(沼)zhǎo	咲(咲)xiào	昭(昭)zhāo	将(将)jiāng jiàng	
	消(消)xiāo	症(症)zhèng zhēng		祥(祥)xiáng	
	称(称)chēng chèn chèng		笑(笑)xiào	商(商)shāng	唱(唱)chàng
	捷(捷)jié	梢(梢)shāo	渉(涉)shè	章(章)zhāng	紹(绍)shào
	訟(讼)sòng	勝(胜)shèng	掌(掌)zhǎng	晶(晶)jīng	焦(焦)jiāo
	焼(烧)shāo	硝(硝)xiāo	粧(妆)zhuāng	翔(翔)xiáng	証(证)zhèng
	詔(诏)zhào	象(象)xiàng	傷(伤)shāng	奨(奖)jiǎng	照(照)zhào

	詳(详)xiáng	頌(颂)sòng	彰(彰)zhāng	障(障)zhàng	樟(樟)zhāng
	衝(冲)chōng chòng		賞(赏)shǎng	蕉(蕉)jiāo	
	鞘(鞘)qiào shāo		償(偿)cháng	礁(礁)jiāo	篠(筱)xiǎo
	鐘(钟)zhōng				
ジョウ	上(上)shàng	丈(丈)zhàng	冗(冗)rǒng	丞(丞)chéng	条(条)tiáo
	状(状)zhuàng	乗(乘)chéng shèng	城(城)chéng	浄(净)jìng	
	剰(剩)shèng	常(常)cháng	情(情)qíng	場(场)chǎng cháng	
	畳(叠)dié	蒸(蒸)zhēng	縄(绳)shéng	壌(壤)rǎng	嬢(娘)niáng
	錠(锭)dìng	襄(襄)xiāng	穣(穰)ráng	譲(让)ràng	醸(酿)niàng
ショク	色(色)sè shǎi		食(食)shí	植(植)zhí	殖(殖)zhí
	飾(饰)shì	触(触)chù	嘱(嘱)zhǔ	織(织)zhī	職(职)zhí
ジョク	辱(辱)rǔ				
シン	心(心)xīn	申(申)shēn	伸(伸)shēn	臣(臣)chén	身(身)shēn
	辛(辛)xīn	辰(辰)chén	信(信)xìn	侵(侵)qīn	津(津)jīn
	神(神)shén	唇(唇)chún	娠(娠)shēn	振(振)zhèn	晋(晋)jìn
	浸(浸)jìn	真(真)zhēn	秦(秦)qín	針(针)zhēn	晨(晨)chén
	深(深)shēn	紳(绅)shēn	進(进)jìn	森(森)sēn	診(诊)zhěn
	寝(寝)qǐn	慎(慎)shèn	新(新)xīn	審(审)shěn	震(震)zhèn
	薪(薪)xīn	親(亲)qīn qìng			
ジン	人(人)rén	刃(刃)rèn	仁(仁)rén	迅(迅)xùn	
	尽(尽)jìn jǐn		甚(甚)shèn	陣(阵)zhèn	尋(寻)xún
	稔(稔)rěn				
ス	須(须)xū				
スイ	水(水)shuǐ	吹(吹)chuī	垂(垂)chuí	炊(炊)chuī	帥(帅)shuài
	粋(粹)cuì	衰(衰)shuāi cuī		推(推)tuī	酔(醉)zuì
	遂(遂)suì suí		睡(睡)shuì	翠(翠)cuì	穂(穗)suì
	錘(锤)chuí				
ズイ	随(随)suí	瑞(瑞)ruì	髄(髓)suǐ		
スウ	枢(枢)shū	崇(崇)chóng	嵩(嵩)sōng	数(数)shù shǔ	
	雛(雏)chú				
スン	寸(寸)cùn				
ゼ	是(是)shì				
セイ	井(井)jǐng	世(世)shì	正(正)zhèng zhēng	生(生)shēng	
	成(成)chéng	西(西)xī	声(声)shēng	制(制)zhì	姓(姓)xìng
	征(征)zhēng	性(性)xìng	青(青)qīng	斉(齐)qí	政(政)zhèng
	星(星)xīng	牲(牲)shēng	省(省)shěng xǐng		清(清)qīng
	盛(盛)shèng chéng		婿(婿)xù	晴(晴)qíng	棲(栖)qī
	勢(势)shì	靖(靖)jìng	聖(圣)shèng	誠(诚)chéng	鉦(钲)zhēng
	精(精)jīng	製(制)zhì	誓(誓)shì	静(静)jìng	請(请)qǐng
	整(整)zhěng				

ゼイ	税(税)shuì	説(说)shuì			
セキ	夕(夕)xī	斥(斥)chì	石(石)shí	汐(汐)xī	赤(赤)chì
	昔(昔)xī	析(析)xī	隻(只)zhī	席(席)xí	惜(惜)xī
	責(责)zé	跡(迹)jì	潟(潟)xì	積(积)jī	績(绩)jì
	籍(籍)jí				
セツ	切(切)qiē	折(折)zhé shé zhē		拙(拙)zhuō	窃(窃)qiè
	接(接)jiē	設(设)shè	雪(雪)xuě	摂(摄)shè	
	節(节)jié jiē		説(说)shuō		
ゼツ	舌(舌)shé	絶(绝)jué			
セン	千(千)qiān	川(川)chuān	仙(仙)xiān	占(占)zhān zhàn	
	先(先)xiān	串(串)chuàn	苫(苫)shān shàn		宣(宣)xuān
	専(专)zhuān	泉(泉)quán	浅(浅)qiǎn	洗(洗)xǐ xiǎn	
	染(染)rǎn	茜(茜)qiàn xī		扇(扇)shàn shān	
	栓(栓)shuān	旋(旋)xuán xuàn		船(船)chuán	戦(战)zhàn
	践(践)jiàn	銭(钱)qián	銑(铣)xiǎn xǐ		潜(潜)qián
	箭(箭)jiàn	線(线)xiàn	遷(迁)qiān	選(选)xuǎn	薦(荐)jiàn
	繊(纤)xiān	鮮(鲜)xiān xiǎn			
ゼン	全(全)quán	前(前)qián	善(善)shàn	然(然)rán	
	禅(禅)chán shàn		漸(渐)jiàn	膳(膳)shàn	繕(缮)shàn
ソ	阻(阻)zǔ	祖(祖)zǔ	租(租)zū	素(素)sù	措(措)cuò
	粗(粗)cū	組(组)zǔ	疎(疏)shū	訴(诉)sù	塑(塑)sù
	礎(础)chǔ	蘇(苏)sū			
ソウ	双(双)shuāng	爪(爪)zhǎo zhuǎ		壮(壮)zhuàng	早(早)zǎo
	争(争)zhēng	走(走)zǒu	宗(宗)zōng	奏(奏)zòu	
	相(相)xiāng xiàng		草(草)cǎo	荘(庄)zhuāng	送(送)sòng
	倉(仓)cāng	捜(搜)sōu	挿(插)chā	桑(桑)sāng	
	掃(扫)sǎo sào	曹(曹)cáo	巣(巢)cháo	窓(窗)chuāng	
	曽(曽)zēng céng		創(创)chuàng chuāng		
	喪(丧)sāng sàng	湊(凑)còu	装(装)zhuāng	葬(葬)zàng	
	僧(僧)sēng	想(想)xiǎng	層(层)céng	漱(漱)shù	総(总)zǒng
	聡(聪)cōng	遭(遭)zāo	槽(槽)cáo	操(操)cāo	燥(燥)zào
	糟(糟)zāo	霜(霜)shuāng	騒(骚)sāo	藪(薮)sǒu	藻(藻)zǎo
	竈(灶)zào				
ゾウ	造(造)zào	像(像)xiàng	増(增)zēng	憎(憎)zēng	
	蔵(藏)cáng zàng		贈(赠)zèng	臓(脏)zàng	
ソク	即(即)jí	束(束)shù	足(足)zú	促(促)cù	則(则)zé
	息(息)xī	速(速)sù	側(侧)cè zhāi zè		測(测)cè
ゾク	俗(俗)sú	族(族)zú	属(属)shǔ zhǔ		粟(粟)sù
	賊(贼)zéi	続(续)xù			
ソツ	卒(卒)zú cù	率(率)shuài			

ソン	存(存)cún	村(村)cūn	孫(孙)sūn	巽(巽)xùn	尊(尊)zūn
	損(损)sǔn	樽(樽)zūn			
タ	他(他)tā	多(多)duō	詫(诧)chà		
ダ	打(打)dǎ dá	妥(妥)tuǒ	堕(堕)duò	惰(惰)duò	
	駄(驮)tuó duò				
タイ	太(太)tài	台(台)tái tāi		体(体)tǐ tī	対(对)duì
	耐(耐)nài	待(待)dài dāi		怠(怠)dài	胎(胎)tāi
	退(退)tuì	帯(带)dài	泰(泰)tài	袋(袋)dài	
	逮(逮)dài dǎi		替(替)tì	貸(贷)dài	隊(队)duì
	滞(滞)zhì	態(态)tài	黛(黛)dài		
ダイ	乃(乃)nǎi	大(大)dà dài	代(代)dài	第(第)dì	題(题)tí
タク	宅(宅)zhái	択(择)zé zhái		沢(泽)zé	卓(卓)zhuó
	卓(桌)zhuō	拓(拓)tuò tà	託(托)tuō	啄(啄)zhuó	
	琢(琢)zhuó zuó		濯(濯)zhuó		
ダク	諾(诺)nuò	濁(浊)zhuó			
タツ	達(达)dá				
ダツ	脱(脱)tuō	奪(夺)duó			
タン	丹(丹)dān	旦(旦)dàn	但(但)dàn	坦(坦)tǎn	
	担(担)dān dàn		単(单)dān	炭(炭)tàn	胆(胆)dǎn
	探(探)tàn	淡(淡)dàn	短(短)duǎn	嘆(叹)tàn	端(端)duān
	誕(诞)dàn	鍛(锻)duàn	灘(滩)tān		
ダン	団(团)tuán	男(男)nán	段(段)duàn	断(断)duàn	
	弾(弹)dàn tán	暖(暖)nuǎn	談(谈)tán	壇(坛)tán	
チ	地(地)dì	池(池)chí	知(知)zhī	治(治)zhì	値(值)zhí
	恥(耻)chǐ	致(致)zhì	智(智)zhì	遅(迟)chí	痴(痴)chī
	稚(稚)zhì	置(置)zhì	馳(驰)chí		
チク	竹(竹)zhú	竺(竺)zhú	畜(畜)xù chù	逐(逐)zhú	筑(筑)zhù
	蓄(蓄)xù	築(筑)zhù			
チツ	秩(秩)zhì	窒(窒)zhì			
チャク	着(着)zhuó zháo zhāo		嫡(嫡)dí		
チュウ	丑(丑)chǒu	中(中)zhōng zhòng		仲(仲)zhòng	虫(虫)chóng
	沖(冲)chōng	宙(宙)zhòu	忠(忠)zhōng	抽(抽)chōu	注(注)zhù
	昼(昼)zhòu	柱(柱)zhù	衷(衷)zhōng	酎(酎)zhòu	厨(厨)chú
	註(注)zhù	鋳(铸)zhù	駐(驻)zhù		
チョ	猪(猪)zhū	著(著)zhù	貯(贮)zhù	瀦(潴)zhū	
チョウ	弔(吊)diào	庁(厅)tīng	兆(兆)zhào	町(町)dīng tǐng	
	長(长)cháng zhǎng		挑(挑)tiāo tiǎo		帳(帐)zhàng
	張(张)zhāng	彫(雕)diāo	眺(眺)tiào	釣(钓)diào	頂(顶)dǐng
	鳥(鸟)niǎo	朝(朝)zhāo cháo	脹(胀)zhàng	超(超)chāo	
	塚(冢)zhǒng	腸(肠)cháng	跳(跳)tiào	徴(征)zhēng	暢(畅)chàng

	肇(肇)zhào	蔦(茑)niǎo	澄(澄)chéng dèng		潮(潮)cháo
	蝶(蝶)dié	調(调)diào tiáo		聽(听)tīng	懲(惩)chéng
	鯛(鲷)diāo				
チョク	直(直)zhí	勅(敕)chì			
チン	沈(沉)chén	珍(珍)zhēn	朕(朕)zhèn	陳(陈)chén	椿(椿)chūn
	賃(赁)lìn	鎮(镇)zhèn			
ツイ	追(追)zhuī	椎(椎)zhuī chuí		槌(槌)chuí	墜(坠)zhuì
ツウ	通(通)tōng tòng		痛(痛)tòng		
テイ	丁(丁)dīng	低(低)dī	呈(呈)chéng	廷(廷)tíng	弟(弟)dì
	定(定)dìng	底(底)dǐ	抵(抵)dǐ	邸(邸)dǐ	亭(亭)tíng
	貞(贞)zhēn	帝(帝)dì	訂(订)dìng	庭(庭)tíng	悌(悌)tì
	逓(递)dì	釘(钉)dīng dìng		停(停)tíng	偵(侦)zhēn
	堤(堤)dī	提(提)tí dī	程(程)chéng	禎(祯)zhēn	艇(艇)tǐng
	締(缔)dì	鵜(鹈)tí			
デイ	泥(泥)ní nì				
テキ	的(的)dì dí	迪(迪)dí	荻(荻)dí	笛(笛)dí	摘(摘)zhāi
	滴(滴)dī	適(适)shì	敵(敌)dí	鏑(镝)dī dí	
テツ	迭(迭)dié	哲(哲)zhé	鉄(铁)tiě	徹(彻)chè	撤(撤)chè
テン	天(天)tiān	典(典)diǎn	店(店)diàn	点(点)diǎn	展(展)zhǎn
	添(添)tiān	転(转)zhuǎn zhuàn			
デン	田(田)tián	伝(传)chuán zhuàn		佃(佃)diàn tián	
	淀(淀)diàn	殿(殿)diàn	電(电)diàn		
ト	斗(斗)dǒu	吐(吐)tǔ tù	図(图)tú	杜(杜)dù	徒(徒)tú
	途(途)tú	都(都)dū dōu	渡(渡)dù	塗(涂)tú	
ド	土(土)tǔ	奴(奴)nú	努(努)nǔ	度(度)dù	怒(怒)nù
トウ	刀(刀)dāo	冬(冬)dōng	灯(灯)dēng	当(当)dāng dàng	
	投(投)tóu	豆(豆)dòu	沓(沓)tà dá	東(东)dōng	到(到)dào
	逃(逃)táo	倒(倒)dǎo dào		党(党)dǎng	凍(冻)dòng
	唐(唐)táng	島(岛)dǎo	桃(桃)táo	討(讨)tǎo	透(透)tòu
	兜(兜)dōu	悼(悼)dào	盗(盗)dào	陶(陶)táo	塔(塔)tǎ
	棟(栋)dòng	湯(汤)tāng	痘(痘)dòu	登(登)dēng	答(答)dá dā
	等(等)děng	筒(筒)tǒng	統(统)tǒng	稲(稻)dào	読(读)dòu
	樋(樋)tōng	踏(踏)tà tā	燈(灯)dēng	糖(糖)táng	頭(头)tóu
	謄(誊)téng	藤(藤)téng	鬪(斗)dòu	騰(腾)téng	
ドウ	同(同)tóng	洞(洞)dòng	桐(桐)tóng	胴(胴)dòng	動(动)dòng
	堂(堂)táng	童(童)tóng	道(道)dào	働(动)dòng	銅(铜)tóng
	導(导)dǎo	瞳(瞳)tóng			
トク	匿(匿)nì	特(特)tè	得(得)dé děi	督(督)dū	徳(德)dé
	篤(笃)dǔ				
ドク	毒(毒)dú	独(独)dú	読(读)dú		

トツ	突(突)tū						
トン	屯(屯)tūn	惇(惇)dūn		豚(豚)tún		敦(敦)dūn	
ドン	鈍(钝)dùn	曇(昙)tán					
ナ	那(那)nà nā	奈(奈)nài					
ナイ	内(内)nèi						
ナン	南(南)nán	軟(软)ruǎn		楠(楠)nán		難(难)nán nàn	
ニ	二(二)èr	尼(尼)ní		弐(贰)èr			
ニク	肉(肉)ròu						
ニチ	日(日)rì						
ニュウ	入(入)rù	乳(乳)rǔ					
ニョウ	尿(尿)niào						
ニン	任(任)rèn rén		妊(妊)rèn		忍(忍)rěn		認(认)rèn
ネイ	寧(宁)níng nìng						
ネツ	熱(热)rè						
ネン	年(年)nián	念(念)niàn		粘(粘)zhān nián			燃(燃)rán
	鮎(鲇)nián						
ノウ	悩(恼)nǎo	納(纳)nà		能(能)néng		脳(脑)nǎo	農(农)nóng
	濃(浓)nóng						
ハ	巴(巴)bā	把(把)bǎ bà		波(波)bō		派(派)pài	破(破)pò
	覇(霸)bà						
バ	芭(芭)bā	馬(马)mǎ		婆(婆)pó			
ハイ	拝(拜)bài	杯(杯)bēi		背(背)bèi bēi			肺(肺)fèi
	俳(俳)pái	配(配)pèi		排(排)pái pǎi			敗(败)bài
	廃(废)fèi	輩(辈)bèi					
バイ	貝(贝)bèi	売(卖)mài		倍(倍)bèi		梅(梅)méi	培(培)péi
	陪(陪)péi	媒(媒)méi		買(买)mǎi		賠(赔)péi	
ハク	白(白)bái	伯(伯)bó bǎi		佰(佰)bǎi		拍(拍)pāi	泊(泊)bó pō
	迫(迫)pò pǎi	柏(柏)bǎi bó bò				陌(陌)mò	粕(粕)pò
	舶(舶)bó	博(博)bó		薄(薄)báo bó bò			
バク	麦(麦)mài	幕(幕)mù		漠(漠)mò		縛(缚)fù	爆(爆)bào
ハチ	八(八)bā						
ハツ	発(发)fā	鉢(钵)bō		髪(发)fà			
バツ	伐(伐)fá	抜(拔)bá		罰(罚)fá		閥(阀)fá	
ハン	反(反)fǎn	半(半)bàn		犯(犯)fàn		帆(帆)fān	伴(伴)bàn
	判(判)pàn	坂(坂)bǎn		阪(阪)bǎn		板(板)bǎn	版(版)bǎn
	班(班)bān	畔(畔)pàn		般(般)bān		販(贩)fàn	飯(饭)fàn
	搬(搬)bān	煩(烦)fán		頒(颁)bān		幡(幡)fān	範(范)fàn
	繁(繁)fán pó	藩(藩)fān					
バン	晩(晚)wǎn	番(番)fān pān				蛮(蛮)mán	盤(盘)pán
ヒ	比(比)bǐ	皮(皮)pí		妃(妃)fēi		否(否)fǒu pǐ	批(批)pī

225

	彼(彼)bǐ	披(披)pī	泌(泌)mì bì	肥(肥)féi	非(非)fēi
	卑(卑)bēi	飛(飞)fēi	疲(疲)pí	秘(秘)mì bì	被(被)bèi
	悲(悲)bēi	扉(扉)fēi	斐(斐)fěi	費(费)fèi	碑(碑)bēi
	緋(绯)fēi	罷(罢)bà	避(避)bì		
ビ	尾(尾)wěi yǐ	弥(弥)mí	美(美)měi	備(备)bèi	微(微)wēi
	鼻(鼻)bí				
ヒツ	匹(匹)pǐ	必(必)bì	疋(匹)pǐ	筆(笔)bǐ	
ヒャク	百(百)bǎi				
ヒョウ	氷(冰)bīng	表(表)biǎo	俵(俵)biào	票(票)piào	評(评)píng
	漂(漂)piāo piǎo piào		標(标)biāo		
ビョウ	苗(苗)miáo	秒(秒)miǎo	病(病)bìng	描(描)miáo	猫(猫)māo
ヒン	品(品)pǐn	浜(滨)bīn	彬(彬)bīn	貧(贫)pín	賓(宾)bīn
	頻(频)pín				
ビン	敏(敏)mǐn				
フ	不(不)bù	夫(夫)fū fú	父(父)fù fǔ	付(付)fù	布(布)bù
	扶(扶)fú	芙(芙)fú	府(府)fǔ	怖(怖)bù	阜(阜)fù
	附(附)fù	負(负)fù	赴(赴)fù	浮(浮)fú	釜(釜)fǔ
	婦(妇)fù	符(符)fú	富(富)fù	普(普)pǔ	腐(腐)fǔ
	敷(敷)fū	膚(肤)fū	賦(赋)fù	譜(谱)pǔ	
ブ	侮(侮)wǔ	武(武)wǔ	部(部)bù	舞(舞)wǔ	
フウ	風(风)fēng	楓(枫)fēng			
フク	伏(伏)fú	服(服)fú fù	副(副)fù	幅(幅)fú	復(复)fù
	福(福)fú	腹(腹)fù	複(复)fù	覆(覆)fù	
フツ	払(拂)fó	沸(沸)fèi			
ブツ	仏(佛)fó	物(物)wù			
フン	分(分)fēn fèn		粉(粉)fěn	紛(纷)fēn	雰(氛)fēn
	噴(喷)pēn pèn		墳(坟)fén	憤(愤)fèn	奮(奋)fèn
ブン	文(文)wén	聞(闻)wén			
ヘイ	丙(丙)bǐng	平(平)píng	兵(兵)bīng	併(并)bìng	坪(坪)píng
	並(并)bìng	柄(柄)bǐng	陛(陛)bì	瓶(瓶)píng	閉(闭)bì
	餅(饼)bǐng	幣(币)bì	弊(弊)bì		
ベイ	米(米)mǐ				
ヘキ	碧(碧)bì	壁(壁)bì	癖(癖)pǐ		
ベツ	別(别)bié				
ヘン	片(片)piàn piān		辺(边)biān	返(返)fǎn	変(变)biàn
	偏(偏)piān	遍(遍)biàn	編(编)biān		
ベン	弁(辩)biàn	便(便)biàn pián		勉(勉)miǎn	
ホ	甫(甫)fǔ	歩(步)bù	保(保)bǎo	捕(捕)bǔ	浦(浦)pǔ
	補(补)bǔ	蒲(蒲)pú	輔(辅)fǔ	舗(铺)pū pù	
ボ	母(母)mǔ	募(募)mù	墓(墓)mù	慕(慕)mù	暮(暮)mù

	模(模)mó mú	簿(簿)bù			
ホウ	方(方)fāng	包(包)bāo	芳(芳)fāng	邦(邦)bāng	奉(奉)fèng
	宝(宝)bǎo	抱(抱)bào	放(放)fàng	朋(朋)péng	法(法)fǎ
	泡(泡)pào pāo		封(封)fēng	胞(胞)bāo	倣(仿)fǎng
	俸(俸)fèng	峰(峰)fēng	砲(炮)pào	逢(逢)féng	崩(崩)bēng
	訪(访)fǎng	萌(萌)méng	報(报)bào	棚(棚)péng	蜂(蜂)fēng
	豊(丰)fēng	飽(饱)bǎo	鳳(凤)fèng	縫(缝)féng fèng	
ボウ	亡(亡)wáng	乏(乏)fá	卯(卯)mǎo	忙(忙)máng	牟(牟)móu mù
	坊(坊)fāng fáng		妨(妨)fáng	忘(忘)wàng	防(防)fáng
	房(房)fáng	肪(肪)fáng	茅(茅)máo	昴(昴)mǎo	某(某)mǒu
	冒(冒)mào	虻(虻)méng	剖(剖)pōu	紡(纺)fǎng	望(望)wàng
	眸(眸)móu	傍(旁)páng	帽(帽)mào	棒(棒)bàng	貿(贸)mào
	暴(暴)bào	膨(膨)péng	謀(谋)móu		
ホク	北(北)běi				
ボク	朴(朴)pǔ pò pō piáo		牧(牧)mù	睦(睦)mù	僕(仆)pú
	墨(墨)mò	撲(扑)pū			
ボツ	没(没)méi mò				
ホン	本(本)běn	奔(奔)bēn bèn		翻(翻)fān	
ボン	凡(凡)fán	盆(盆)pén			
マ	麻(麻)má	摩(摩)mó mā	磨(磨)mó mò	魔(魔)mó	
マイ	毎(每)měi	妹(妹)mèi	枚(枚)méi	埋(埋)mái mán	
マク	膜(膜)mó				
マツ	末(末)mò	抹(抹)mǒ mò mā		茉(茉)mò	
マン	万(万)wàn	満(满)mǎn	慢(慢)màn	漫(漫)màn	
ミ	未(未)wèi	味(味)wèi	魅(魅)mèi		
ミツ	密(密)mì	蜜(蜜)mì			
ミャク	脈(脉)mài mò				
ミョウ	妙(妙)miào				
ミン	民(民)mín	眠(眠)mián			
ム	矛(矛)máo	務(务)wù	無(无)wú	夢(梦)mèng	霧(雾)wù
メイ	名(名)míng	命(命)mìng	明(明)míng	迷(迷)mí	盟(盟)méng
	銘(铭)míng	鳴(鸣)míng			
メツ	滅(灭)miè				
メン	免(免)miǎn	面(面)miàn	棉(棉)mián	綿(绵)mián	
モ	茂(茂)mào				
モウ	毛(毛)máo	孟(孟)mèng	盲(盲)máng	耗(耗)hào	猛(猛)měng
	網(网)wǎng				
モク	木(木)mù	目(目)mù	黙(默)mò		
モン	門(门)mén	紋(纹)wén wèn		問(问)wèn	
ヤ	也(也)yě	夜(夜)yè	耶(耶)yé yē	野(野)yě	

ヤク	厄(厄)è	役(役)yì	約(约)yuē yāo		訳(译)yì
	薬(药)yào	躍(跃)yuè			
ユ	油(油)yóu	愉(愉)yú	諭(谕)yù	輸(输)shū	癒(愈)yù
ユイ	唯(唯)wéi				
ユウ	又(又)yòu	友(友)yǒu	右(右)yòu	由(由)yóu	
	有(有)yǒu yòu		佑(佑)yòu	邑(邑)yì	酉(酉)yǒu
	侑(侑)yòu	勇(勇)yǒng	宥(宥)yòu	幽(幽)yōu	祐(祐)yòu
	悠(悠)yōu	郵(邮)yóu	湧(涌)yǒng	猶(犹)yóu	裕(裕)yù
	遊(游)yóu	雄(雄)xióng	楢(楢)yóu	熊(熊)xióng	誘(诱)yòu
	憂(忧)yōu	融(融)róng	優(优)yōu		
ヨ	与(与)yǔ yù yú		予(予)yú yǔ	余(余)yú	誉(誉)yù
	預(预)yù	輿(舆)yú			
ヨウ	幼(幼)yòu	用(用)yòng	羊(羊)yáng	洋(洋)yáng	
	要(要)yào yāo		容(容)róng	庸(庸)yōng	揺(摇)yáo
	揚(扬)yáng	湧(涌)yǒng	葉(叶)yè	陽(阳)yáng	遥(遥)yáo
	楊(杨)yáng	溶(溶)róng	腰(腰)yāo	瑶(瑶)yáo	蓉(蓉)róng
	様(样)yàng	踊(踊)yǒng	窯(窑)yáo	養(养)yǎng	擁(拥)yōng
	謠(谣)yáo	曜(曜)yào	耀(耀)yào	鷹(鹰)yīng	
ヨク	抑(抑)yì	浴(浴)yù	欲(欲)yù	翌(翌)yì	翼(翼)yì
ラ	裸(裸)luǒ	羅(罗)luó			
ライ	来(来)lái	雷(雷)léi	頼(赖)lài	瀬(濑)lài	
ラク	絡(络)luò lào		落(落)luò lào là		楽(乐)lè
	酪(酪)lào				
ラン	乱(乱)luàn	卵(卵)luǎn	嵐(岚)lán	覧(览)lǎn	濫(滥)làn
	藍(蓝)lán	蘭(兰)lán	欄(栏)lán		
リ	吏(吏)lì	利(利)lì	李(李)lǐ	里(里)lǐ	莉(莉)lì
	梨(梨)lí	理(理)lǐ	痢(痢)lì	裏(里)lǐ	履(履)lǚ
	璃(璃)lí	鯉(鲤)lǐ	離(离)lí		
リク	陸(陆)lù liù				
リツ	立(立)lì	律(律)lǜ	栗(栗)lì	率(率)lǜ	
リャク	略(略)lüè				
リュウ	柳(柳)liǔ	流(流)liú	留(留)liú	竜(龙)lóng	笠(笠)lì
	粒(粒)lì	隆(隆)lóng	硫(硫)liú	瑠(琉)liú	
リョ	呂(吕)lǚ	旅(旅)lǚ	虜(虏)lǔ	慮(虑)lǜ	
リョウ	了(了)liǎo	両(两)liǎng	良(良)liáng	亮(亮)liàng	料(料)liào
	梁(梁)liáng	涼(凉)liáng liàng		猟(猎)liè	陵(陵)líng
	菱(菱)líng	椋(椋)liáng	量(量)liáng liàng		僚(僚)liáo
	綾(绫)líng	領(领)lǐng	寮(寮)liáo	諒(谅)liàng	遼(辽)liáo
	療(疗)liáo	糧(粮)liáng			
リョク	力(力)lì	緑(绿)lǜ lù			

リン	林(林)lín	厘(厘)lí	倫(伦)lún	凛(凛)lǐn	輪(轮)lún
	隣(邻)lín	臨(临)lín			
ルイ	涙(泪)lèi	累(累)lěi lèi léi		塁(垒)lěi	類(类)lèi
レイ	令(令)lìng lǐng		礼(礼)lǐ	伶(伶)líng	冷(冷)lěng
	励(励)lì	例(例)lì	玲(玲)líng	鈴(铃)líng	零(零)líng
	霊(灵)líng	隷(隶)lì	嶺(岭)lǐng	齢(龄)líng	麗(丽)lì
レキ	暦(历)lì	歴(历)lì			
レツ	列(列)liè	劣(劣)liè	烈(烈)liè	裂(裂)liè liě	
レン	恋(恋)lián	連(连)lián	廉(廉)lián	蓮(莲)lián	練(练)liàn
	憐(怜)lián	錬(炼)liàn	鎌(镰)lián		
ロ	炉(炉)lú	路(路)lù	櫨(栌)lú	蘆(芦)lú	露(露)lù lòu
ロウ	老(老)lǎo	労(劳)láo	郎(郎)láng	朗(朗)lǎng	浪(浪)làng
	廊(廊)láng	楼(楼)lóu	滝(泷)lóng	漏(漏)lòu	
	籠(笼)lóng lǒng				
ロク	六(六)liù lù	鹿(鹿)lù	禄(禄)lù	録(录)lù	麓(麓)lù
ロン	論(论)lùn lún				
ワ	和(和)hé hè huó huò hú		話(话)huà	窪(洼)wā	
ワイ	隈(隈)wēi	賄(贿)huì			
ワク	惑(惑)huò				
ワン	湾(湾)wān	腕(腕)wàn			

寶　文（トウ　ブン）　青島大学
小川郁夫　福岡国際大学

> 小社の書籍は，ホームページで
> も紹介，販売しております。
> どうぞ，ご覧ください。
> http://www.hakuteisha.co.jp/

カバーデザイン：小野桃恵
本文イラスト：小川夏海

CDで暗記　筆記でマスター　中国語の基礎固め　CD1枚付
2010年10月28日　初版発行

著　者　寶文・小川郁夫
発行者　佐藤康夫
発行所　白帝社
　　　　〒171-0014　東京都豊島区池袋2-65-1
　　　　電話　03-3986-3271　FAX　03-3986-3272
組版・印刷　倉敷印刷㈱　　　　　　製本　若林製本所

Printed in Japan 〈検印省略〉　　ISBN978-4-86398-034-1
定価はカバーに表示してあります。